園づくりのことば

保育をつなぐミドルリーダーの秘訣

井庭 崇　秋田喜代美　編著
野澤 祥子　天野 美和子　宮田 まり子　著

丸善出版

推薦のことば

　保育の実践知と呼ばれるのは保育のコツであり、またもっと深い保育への関わりに対する心構えであったりするわけですが、それはなかなか言葉では伝えられないものです。本書で採用されたやり方は、「パターン・ランゲージ」という方法です。多くの中堅・ベテランの保育者が話し合いながら、こういう場合にはこうするとよいという経験則を取り出して言語化しています。それは、よく起こる困りごと、その対応策、その結果よくなること、という流れで整理されます。特に本書はミドルリーダーに注目し、保育することそのものとともに後進を導き、園内の研修を活発にするやり方を網羅しています。これを参考にしながら、自分の園で具体的に考えてみる、そのためのヒントです。使えば使うほどその価値が出てくるものです。明日からさっそく試して使ってみてください。

　　　　　　　　　　　　　　　　　白梅学園大学子ども学研究科特任教授　無藤 隆

● ● ●

　保育の質の向上のために園内研修の重要性が様々な場所で叫ばれていますが、実際には全員が主体的に参加し、子どもの姿を中心に本音で語り合う園の文化を醸成することは難しいという声を聞くことが多くあります。本書は優れた保育を実践している園のミドルリーダーが子どもの成長を願うと同時に、ともに保育に携わる同僚の成長を願い、園の保育の向上に取り組んできた経験や実践の知恵を、様々な現場で分かちあえるかたちに構成したものです。園のなかで重要な役割を担うミドルリーダーを中心に、自園と自分自身のためにぜひ読んでもらいたい一冊です。

　　　　　　　　幼保連携型認定こども園 せんりひじり幼稚園・ひじりにじいろ保育園 園長　安達 譲

● ● ●

ここに記されたことばやイラストは、簡潔でわかりやすく、しかも、奥深く示唆に富んでいます。「園づくりのことば」を用いた研修は、遊び心をくすぐり、ほどよく肩の力が抜けた状態で取り組むうちに参加者同士の学び合いが生まれます。「園づくりのことば」は、ミドルリーダーへの心強いエールであり、現状の把握とともに、安心して振り返ること、そしてこの先に向かう勇気をもたらすツールであると感じています。

文京区立本駒込幼稚園 副園長　和島 千佳子

● ● ●

　私が主任を務めるこども園では、12年前の開園時、主任職はありませんでした。理由の一つは、「主任色」に染まる園づくりを避けるためです。それから5年後、主任職が設けられたのは、風通しよく働ける一方、保育者や保護者、地域をつなぐ調整役が必要となったからです。私は作成のためのインタビュー、および本書の内容を用いたワークショップに参加させていただきました。『園づくりのことば』を読み、考え、語り合うなかで、自分が調整役を担えているのか、現場を自分の色に染めてしまっていないか、見直すことができました。同時に、本書によって、あいまいで幅広いミドルリーダーの仕事がわかりやすく整理され、園づくりに必要な存在であることが認められたことは、喜ばしい限りです。

幼保連携型認定こども園 むくどり風の丘こども園 主幹保育教諭　安達 さとこ

はじめに

　幼稚園や保育園、認定こども園等の「園」をつくるのは、園の職員、子ども、保護者、地域の方々、また園を支える行政等さまざまな人々です。そこでは多様な会話・対話がなされ、日々の園の暮らしの営みがつくり出されます。本書では、主任保育者や副園長などの「ミドルリーダー」に焦点を当て、園の職員が保育に関わり、互いに交流しながら成長していく環境をどのようにつくっていくのかについて、その実践の知恵を27個の秘訣としてまとめました。

　ミドルリーダーの仕事は、多様な人々の関係性や日々のやりとりのなかに埋め込まれ、外からは見えにくい側面も多く、ある主任保育者は自身の役割を「黒子」と語るほどです。保育の質を高めていくには、クラスを越えての対話も不可欠になっており、チームワークが大切です。また、保育者だけでなく、看護師や栄養士、調理師、主事等多様な職種の人との協働も不可欠であり、それらの人たちをつないだり、園長・施設長等を支えたりする仕事もあります。そして、若手保育者の育成の役割も担いながら園と保護者、地域、園間をつなぐキーパーソンとなるのが、ミドルリーダーなのです。さらに、園文化を受け継ぎ、保育の質を向上させていくためのイノベーションもミドルリーダーが担っていると言えるでしょう。折しも、保育士、幼稚園教諭、保育教諭等に向けたキャリアアップ研修が国の施策としても始まっています。

　そのようななか、園の風土や文化をつくり出すミドルリーダーが持つ知恵をともに分かちあい、語りあう手がかりが必要だという問題意識から、本書『園づくりのことば』をつくりました。本書で紹介するのは、ミドルリーダーたちへのインタビューによって得られた声をもとに、その知恵を目に見えるかたちにまとめたものです。さまざまな工夫や知恵、具体的な実践に共通するパターンを抽出し、わかりやすく伝えやすくまとめたものが、本書の一つひとつの「ことば」になります。

　本書で紹介していくのは、「こうしなければならない」とか「これだけやればよい」というマニュアルのようなものではありません。そうではなく、皆さんが実践をするときの発想

の種、あるいは改善のヒントになるものです。必ずしもすべてをやらなければならないわけではありませんので、肩の力を抜いて、「こういうこと、あるある」「なるほど、これはやってみたいな」と、自分の状況と重ねながら、今後に活かせそうなものを探してみてください。そして、気に入ったものがあったら、それを日頃の実践に取り入れてみてください。

　本書の後半では、自らの実践をよりよくしていくための振り返りの方法や、園内での対話や研修の場で活用する方法を紹介しています。また、これまでに研修に参加した方々の声も取り上げています。さらに、本書の内容にもとづいた対話や研修をしやすくするための「園づくりのことばカード」（別売り、p.74）や、活用事例を紹介しあうオンライン・グループについても紹介しています（p.83）。

　なお、本書で主に読者として想定したのは、幼稚園や保育園、認定こども園等のミドルリーダーですが、紹介する「ことば」は、実は、小学校・中学校・高校・大学等さまざまな学校の主任の先生や教頭先生、各種ケア施設のミドルリーダー、企業・団体の中間管理職の皆さんにも通じる内容になっていると思います。そういう方々は、「園」を「学校」や「会社」等に置き換え、「保育者」を「教師」や「社員」等に置き換えて読んでいただくと、ご自身の状況に活かすことができると思います。

　この本を、園内外での研修等で、ミドルリーダーとしてのリーダーシップの知恵を共有する手がかりのツールとして活用いただき、具体的事例からさらに一歩深く語りあい、学びあう場が生まれることを願っています。

2019年6月

　　　　　井庭　崇、秋田 喜代美、野澤 祥子、天野 美和子、宮田 まり子

目　　次

推薦のことば ……………………………………………………………… i
はじめに …………………………………………………………………… iii

本書の特長 ………………………………………………………………… ix
本書の読み方 ……………………………………………………………… x

園づくりのことば ………………………………………………………… 1
　保育者が成長できる環境をつくる …………………………………… 1
　人をつなぐことで子どもが育つ場をつくる ………………………… 23
　保育についての既成概念をつくりかえていく ……………………… 45

実践の振り返りと可視化 ── ミドルリーダー実践の経験チャート …… 67
「園づくりのことば」を活かした対話・研修の方法 …………………… 73
「園づくりのことば」の作成プロセス …………………………………… 85
参考 ── パターン・ランゲージとは …………………………………… 95

あとがき …………………………………………………………………… 100
謝辞 ………………………………………………………………………… 101
著者紹介 …………………………………………………………………… 102

保育者が成長できる環境をつくる

[日々の実践と成長を支える]

1 自分の発見から

----- 4

2 見通しのひとこと

----- 6

3 やる気がでる手助け

----- 8

[心が通う関係になる]

4 日頃のおしゃべり
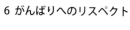
----- 10

5 ひと呼吸おく

----- 12

6 がんばりへのリスペクト

----- 14

[さらなる成長へと導く]

7 楽しむきっかけ

----- 16

8 学びへの変換

----- 18

9 原則に立ち戻る

----- 20

人をつなぐことで子どもが育つ場をつくる

[園内の異なる立場をつなぐ]

10 あいだの通訳

----- 26

11 声のすくい上げ
----- 28

12 みんなで育てる

----- 30

[保育者間の交流を促す]

13 経験のミックス

----- 32

14 会話が生まれるしかけ

----- 34

15 根底の思い

----- 36

[保護者とのよい関係を築く]

16 意義の共有

----- 38

17 信頼の橋渡し
----- 40

18 ともに育てるパートナー
----- 42

保育についての既成概念をつくりかえていく

[新しいワクワクを育んでいく]

19 ワクワクの素材
----- 48

20 魅力的な実践見学
----- 50

21 新たな試み
----- 52

[続けていけるように工夫する]

22 より大きな意味での保育
----- 54

23 子どもたちとの時間
----- 56

24 充電タイム
----- 58

[園のこれからをつくる]

25 園を超えた交流
----- 60

26 強みの芽
----- 62

27 未来のリーダー
----- 64

本書の特長

　本書の特長は、園づくりにおけるミドルリーダーの実践の秘訣を、「パターン・ランゲージ」というかたちでまとめている点にあります。パターン・ランゲージとは、一人ひとりが自分の状況に合わせてよりよい実践ができるよう、実践者たちの秘訣を言語化する方法です。本書は園づくりの秘訣を言語化し、27個の「ことば」にまとめたことから、タイトルを『園づくりのことば』としました。

　本書でこれから紹介する27個の「ことば」は、公立・私立の幼稚園、保育園、認定こども園において、主任や副園長をしているミドルリーダー25名へのインタビューから抽出した内容がもとになっています。施設の種別も保育形態も経験年数もそれぞれ異なった先生方が語る話には、具体的な内容は異なるにもかかわらず、共通している心がけ、問題意識が多くありました。それを他の人にとってもわかりやすく、さらに自分の行動に取り入れやすいかたちでまとめたものが、本書の「ことば」なのです。

　それぞれの「ことば」は、ミドルリーダーの園づくりの実践における大切なポイントについて示していますが、さまざまな状況や環境に合わせて使うことができるように書かれています。本質を損なうことなく、適度に抽象化しながら、実践の支援となるように記述する——そうまとめることができるのは、コツを「中空の言葉」として言語化して共有する方法である「パターン・ランゲージ」を採用しているためです（パターン・ランゲージについては、p.95「参考——パターン・ランゲージとは」で詳しく紹介します）。現段階では、**ミドルリーダーの実践の秘訣が27個の「ことば」になっていて、それらは、考えるための概念（視点）として、またコミュニケーションの語彙（ボキャブラリー）・共通言語として用いることができるものである**、ということだけ、心の片隅に置いておいていただければと思います。

　「園づくりのことば」は、施設の種別や保育形態、規模、地域等の違いを超えて、どなたにもご活用いただけるものになっています。この「ことば」を用いて考えたり語りあったりすることで、ミドルリーダーの皆さんが自分の行為をより意味のあるものとして捉え直すとともに、課題に向きあう際のヒントにしていただければと思います。

本書の読み方

　本書の中心となるのは、園づくりにおけるミドルリーダーの実践の秘訣を27個の「ことば」にまとめた「園づくりのことば」のパートです。それぞれの「園づくりのことば」は、見開きの2ページで紹介されており、どれも同じ形式で書かれています。

　左ページには、上の方に「園づくりのことば」（秘訣の名前）があり、その下に、そのパターンへの導入となる「イントロダクション」（導入）の一文があります。そして、その「園づくりのことば」の内容をイメージでつかむための「イラスト」があります。そのあと、どのような「状況」（context）のときにこの実践をするとよいのかが示された後「▼その状況において」というつなぎが入り、右ページへと続きます。

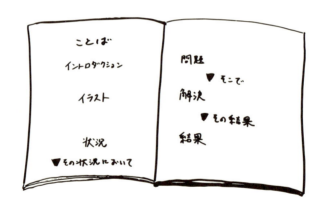

　右ページは、先ほどの「状況」のときに、どのような「問題」（problem）が起こりやすいのかという文から始まります。その後、「▼そこで」というフレーズの後に、その問題が起きないようにするにはどうしたらよいのかという「解決」（solution）の考え方・実践方法について書かれています。そして「▼その結果」に続いて、その実践によって期待される「結果」（consequence）が書かれています。

どの「ことば」も、この形式で記述されており、27個の「ことば」の全体像は、次のようになっています。

保育者が成長できる環境をつくる	人をつなぐことで子どもが育つ場をつくる	保育についての既成概念をつくりかえていく
1. 自分の発見から 2. 見通しのひとこと 3. やる気がでる手助け 4. 日頃のおしゃべり 5. ひと呼吸おく 6. がんばりへのリスペクト 7. 楽しむきっかけ 8. 学びへの変換 9. 原則に立ち戻る	10. あいだの通訳 11. 声のすくい上げ 12. みんなで育てる 13. 経験のミックス 14. 会話が生まれるしかけ 15. 根底の思い 16. 意義の共有 17. 信頼の橋渡し 18. ともに育てるパートナー	19. ワクワクの素材 20. 魅力的な実践見学 21. 新たな試み 22. より大きな意味での保育 23. 子どもたちとの時間 24. 充電タイム 25. 園を超えた交流 26. 強みの芽 27. 未来のリーダー

これを見てわかるように、全体は、「保育者が成長できる環境をつくる」「人をつなぐことで子どもが育つ場をつくる」「保育についての既成概念をつくりかえていく」という3つのカテゴリーに分かれています。それぞれのカテゴリーには、9個ずつ実践的な「ことば」があり、それを合計すると全部で27個の「ことば」になっています。

本書を読み、ぜひ気に入ったものや身につけたいと思うものを選んで、じっくり読んでみてください。そして、自分の置かれた状況・環境ならば、それをどう実践できそうか、という具体的な行動をイメージして、試してみてください。

保育者が成長できる
環境をつくる

　　　　1．自分の発見から
　　　　2．見通しのひとこと
　　　　3．やる気がでる手助け

　　　　4．日頃のおしゃべり
　　　　5．ひと呼吸おく
　　　　6．がんばりへのリスペクト

　　　　7．楽しむきっかけ
　　　　8．学びへの変換
　　　　9．原則に立ち戻る

園のミドルリーダーは、「**保育者が成長できる環境をつくる**」役割を担っています。そのために、保育者の【**日々の実践と成長を支える**】こと、保育者と【**心が通う関係になる**】こと、そして、保育者を【**さらなる成長へと導く**】ことに取り組みます。

保育者の【日々の実践と成長を支える】ためには、日々の実践をサポートするとともに、それを振り返り、よりよくしていくことをサポートする必要があります。一日の保育の後には、まずは自分が見つけた発見や面白さなど、《自分の発見から》語ることで、保育者も語りやすくなるようにしながら、一緒に振り返ります。もし保育者が子どもへの対応に困っていたり、トラブルに直面していたりするときには、その保育者が自分で解決することができるような《見通しのひとこと》の助言をします。また、保育者が大きな課題や困難に立ち向かっているときには、その保育者の力量と状況を考慮しながら、少しがんばれば達成できるように《やる気がでる手助け》をします。こうして、保育者はさまざまな経験を積むことで成長していくことができるようになります。

　保育者と【心が通う関係になる】ためには、たわいのない《日頃のおしゃべり》を大切にし、思ったことや悩みを率直に言い出せるような関係になるよう心がけます。保育者がミスをしてしまったときには、イライラした感情を相手にぶつけることがないように、《ひと呼吸おく》とよいでしょう。また、苦労や困難によって保育者に元気がないときには、それを受け止めた上で、一生懸命努力して歩んでいることを認め、《がんばりへのリスペクト》の気持ちを伝えます。そういうことの積み重ねで、保育者との心が通う関係を育んでいきます。

　そして、【さらなる成長へと導く】ためには、日々の実践をよりよくするサポートを超えたことにも取り組んでいく必要があります。たとえば、一人ひとりの保育者が日々の保育を《楽しむきっかけ》をつくり、自分なりの楽しさややりがいを見出して味わうことができるように工夫します。また、保育者に対して保護者から意見や要望があった場合には、保育者がそれを自分への非難だと捉えたりしないように、保護者の気持ちや背景を加味して翻訳して保育者に伝えることで、《学びへの変換》を手伝います。さらに、保育者が保育指針や教育要領・園の理念などにもとづいた実践ができるように《原則に立ち戻る》ことができる仕組み・環境を整えたりして、よりよい保育環境をつくっていきます。

　このようにして、ミドルリーダーは「保育者が成長できる環境をつくる」のです。

No.1

自分の発見から

その日の子どもたちの姿について、
自分から語り始めて、一緒に振り返る。

保育の後に、クラスの担任保育者と今日のことを
振り返りたいと思っています。

▼その状況において

「今日どうだった？」というような漠然とした問いかけをしても、具体的な話を聴くことはできません。保育者を育てるにあたり、それぞれの人がどのような視点や気持ちをもって取り組んでいるのかは知っておきたいものです。そういうとき、漠然とした問いかけをしても、何をどう答えればよいのかがわからず、曖昧な答えしか返ってこないかもしれません。さらに、もしそれが問い詰められているように感じられると、「普段通りでした」「大丈夫です」というような無難な答えが返ってくるだけでしょう。

▼そこで

まず自分が見つけた発見や面白さについて自分から語り、それをきっかけとして一緒にその日の保育の振り返りをします。その保育者のクラスを垣間見たときに印象に残った子どもの姿や面白いと感じたエピソードを、まずこちらから話してみるのです。子どもの細やかな動きや表情、発話などについて、いきいきと描写して語ると、その具体的なレベルに焦点が行き、保育者も具体的に語りやすくなります。そうやって振り返っていくと、今日起きたことについて、いろいろと話がふくらんでいくことになります。

▼その結果

担任保育者と一緒に具体的に振り返ることで、それぞれの保育者の視点や発想、子どもへの向きあい方などを知る機会になります。また、こちらが子どものことや保育について語るのを聴くなかで、保育者が自分では気にとめていなかったことにも目が行くようになったり、感じたりすることができるようになっていきます。そういう経験を重ねると、子どもたちのことについて見る目が変わり、それを自分の言葉で語ることもできるようになっていくでしょう。

No.2

見通しのひとこと

見通しを持てる助言は、安心につながる。

子どもへの対応に困っていたり、
トラブルに直面していたりする保育者がいます。

▼その状況において

自分が代わりに対処してしまうと、その保育者は次に似たような問題が生じたときに、自分で乗り越えていけるようになりません。現場での経験を積んでいればいるほど、「自分で対処した方が、手際よく解決できる」という考えが頭をよぎるものです。また、責任感が強いほど、なんとかしなければならないという気持ちになり、すぐに行動に移そうと、自分で介入することになりがちです。しかし、そうやって事態に対処していると、いつも自分が介入しなければならないという状況を生んでしまいます。

▼そこで

自分で直接対処するのではなく、保育者が見通しを持てるように助言をし、本人が解決できるようにしていきます。たとえば、「こういう状況になっているから、………になるようにするとよさそうね」「こういうときは………に気をつけて対応するとよいよね」というように、何をどのようにするのかという解決のための考え方を伝えます。そのときには、具体的な行動指示はせず、実際にどう対処するかは本人が考えられるようにします。また、問題に直面している保育者の力量に合わせて、その人が理解・発想しやすいような言い方で伝えるようにします。ただし、子どもの命に関わるような緊急性が高い問題の場合には、自分かベテランの保育者が率先してすぐに対応し、解決した後に、そこで何が起こっていたのかと、どのような対応をしたのか、なぜそうしたのかを伝え、担任保育者と一緒に振り返ります。

▼その結果

保育者は自分が直面している問題を把握することができ、具体的な行動を考えやすくなります。また、同時に、そのような状況においては、どうするのがよいかについての視点を得ることができ、次は自分で対処できるようになるでしょう。このように、状況に応じた判断を各自ができるようにすることは、園全体で子どもたちの成長を丁寧に見守ることにつながります。

No.3

やる気がでる手助け

がんばればできるようにすることで、
やる気と達成感を引き起こす。

保育者が、大きな課題や困難に
立ち向かっていることに気づきました。

▼その状況において

課題や困難が保育者の力量を大きく超えてしまっている場合には、自分で乗り越えることができず、気力や体力を消耗したり自信をなくしたりしてしまうかもしれません。がんばりたいという気持ちだけでは乗り越えられない課題はあるものです。全力でがんばっても達成できなければ、仕事全体への意欲が削がれてしまうこともあるでしょう。また、保育者がその課題だけに注力してしまうと、他のやらなければならない仕事が後回しになってしまうかもしれません。

▼そこで

その保育者の力量と状況を考慮して、少しがんばれば達成できるように手を貸しながら、本人がその仕事を達成できるようにします。 たとえば、情報の取捨選択をしたり、仕事の優先順位を示したり、経験豊かな保育者に相談役やサポート役になってもらうように声をかけたりします。その保育者が一人で抱え込まないように、複数人でアイデアを出しあったり、分担したりするなどして、チームで取り組むように助言するのもよいでしょう。また、自分でも実際に手伝ってみて、その保育者のできそうな範囲を確認しながら進めるようにするのもよいでしょう。

▼その結果

保育者はその課題を乗り越えて達成し、その達成感とともに自分の実践の効力感を持つことができます。また、一人で取り組むことが困難な課題でも、さまざまな知恵やスキルを持った同僚に助けられながら実践することで、徐々に一人でもできるようになっていくでしょう。さらに、保育者のバーンアウト（燃え尽き）を防ぎ、保育の仕事を長く続けることにつながっていきます。

No.4

日頃のおしゃべり

悩みを相談できるのは、
日頃の関係があってこそ。

保育者が仕事についてどのように思っているのかについて、
気にかけています。

▼その状況において

保育者一人ひとりのことを把握・理解しているつもりでも、実は、本人は本音や悩みが打ち明けられていないということはよくあります。保育者にとって、年齢的にも立場的にも上の人には、仕事の悩みや本音などを打ち明けづらいものです。また、悩みを抱えていても、本人がその深刻さに気づいていない場合には、そのことについて話そうと思わないため、問題がさらに深刻になってしまうこともあります。

▼そこで

日頃から保育者とたわいもない会話をして、思ったことやちょっとした悩みなどを率直に言えるような関係になるようにします。たとえば、趣味や週末の過ごし方など、仕事とは必ずしも関係のないことを日頃から話していれば、気軽にいろいろな話ができる関係になっていきます。まずは自分から個人的なことを話すようにすると、相手も自分のことを話しやすくなるでしょう。そうやって、日頃からおしゃべりをするなかで、安心して話せる人間関係を築いていくのです。

▼その結果

普段からいろいろな話を気軽にできる関係になることで、思いや悩みを打ち明けやすくなります。また、何気ない会話のなかからも、問題や悩みの種を発見することができ、深刻化する前に対応できることがあるかもしれません。こうして、自然なかたちで仕事以外の考え方や価値観を垣間見ていることで、職場のなかであっても、役割や立場に囚われない、一人の人としての人間関係を築くこともできるでしょう。

No.5

ひと呼吸おく

落ち着いた
あたたかい成長の場をつくる。

保育者がミスをしてしまいました。

▼その状況において

イライラした気持ちを抱えたまま対応したり保育者に指摘・指導したりすると、その保育者が問題に向きあえなくなったり、関係性が悪化したりしてしまうことがあります。日々の保育においては、不注意やミスによって大小さまざまな問題が生じるものです。そういうときに、「なんでそんなことをしてしまったのか」「どうしてこんなときに？」と、怒りが生じてしまうのも無理はありません。他方で、保育者はまだ経験を積んでいる最中なので仕方ないという気持ちもあり、複雑な心境になるものです。そのような気持ちで対応をすると、保育者を追い詰めるような緊張を生んでしまい、向きあって考えようとする気持ちを萎縮させてしまったり、保育者との関係がこじれてしまったりすることがあります。

▼そこで

感情をそのまま相手にぶつけることがないように、ひと呼吸おいて、クールダウンしてから対応するようにします。たとえば、深呼吸をしたり、少し時間を置いたりして自分の気持ちが落ち着くのを待ちます。その後、ミスをした人に対して、具体的にどのようなミスによってどのような問題が起こってしまったのかを冷静に伝えます。ミスが起こったことはよくないことですが、自分なりに一生懸命考えたり、悩んだ上での結果かもしれないので、本人の考えや気持ちも教えてもらい、一度受け止めた上で、再発防止のために原因や対処方法などについて話しあうようにします。

▼その結果

ミスをした本人が、萎縮したり心を閉ざしたりすることなく、自分のミスを真摯に受け止め、その問題の原因と結果についてきちんと振り返り、理解を深めることができるようになります。こうして、一つひとつ問題に対処していくことで、失敗から学んで成長していく保育者になっていくでしょう。また、こちらも、感情的になって気力や体力を消耗することもなく、周囲とよい関係性を築きながら仕事ができるようになっていくでしょう。

No.6

がんばりへのリスペクト

昔、同じ道を歩んだ同志として。

保育者に、順調に成長してほしいと
考えています。

▼その状況において

保育者として育つ過程では、本人が努力していても、苦労やつらい経験にぶつかって自信をなくしてしまうことがあります。保育は人を育てる専門職であり、高度な知識と多くの経験が求められます。そのため、保育者の成長過程では悩みや苦労などが不可避であり、ときには自分に自信が持てなくなったり、心が折れそうになったりすることがあります。他方、すでに多くの経験を積んで手際よく対応できるようになってくると、経験が浅い保育者のつまずきや心の揺れに鈍感になってしまいがちです。

▼そこで

一生懸命努力して歩んでいるということを認め、そのことに敬意を払った上で、保育者の持ついろいろな感情を受け止めるようにします。それぞれの保育者が今どのような段階におり、どのような努力をしているのかをよく見るようにします。そして、その頃の自分のことも思い出しながら、保育者の気持ちを内側から感じるようにします。ただし、昔と今とでは、社会的背景も仕事観も異なるので、単純に過去の自分と比較したり、自分の時代の常識に当てはめたりするのではなく、現在における保育者の置かれている状況や気持ちを理解することを大切にします。

▼その結果

こちらがきちんと見ているということ、そして感じていることは、日頃の態度や言動に自然と表れるものです。そういうあたたかい眼差しのなかでは、元気と自信を取り戻しながら、前に進んでいく力が湧いてくるでしょう。また、自分がそのような視点で保育者たちを見ていると、自分も多くの先輩たちに支えられ育ててもらったのだということも改めて感じる機会になります。そうなると、今度は、自分が若い世代を支えて育てる番になったのだと気持ちを新たにし、これからの仕事に向きあうことにつながるでしょう。

No.7

楽しむきっかけ

保育の楽しさややりがいを
味わうことができるように。

保育者に、いきいきと保育に取り組んでほしいと
思っています。

▼その状況において

保育者が日々のルーティンをこなすことに追われていると、保育を楽しみ味わうことができなくなってしまいます。保育現場の周辺の仕事や細々としたことに追われていると、それだけで疲弊してしまい、日々子どもと過ごすことで得られるはずの驚きや感動を楽しむ余裕がなくなってしまいます。そうなると、ワクワクするような新しいことを始める気持ちも薄れていってしまうでしょう。

▼そこで

一人ひとりの保育者が、日々の保育のなかから自分なりの楽しさややりがいを見出し、それを味わうことができるきっかけをつくります。たとえば、日々の保育の事前・事後に、各保育者に担任クラスの今日の保育計画の「面白ポイント」について話してもらう時間をつくってみます。園の全体行事では、一人ひとりの保育者が力を発揮できそうな企画を提案してみるのもよいでしょう。また、園内外の研修で、それぞれの保育者が関心のあるテーマについて継続的に深く学ぶ機会をつくることで、そのテーマで力を発揮したり、リーダーシップを発揮したりできる人を育てる環境を整えることもできます。

▼その結果

日々の保育のなかで、自分にとっての楽しさややりがいに気づくことは、いきいきとした保育をしていくためのモチベーションとなり、子どもはもちろんのこと、保護者や保育者自身もワクワクするような保育を計画・実践することにつながります。また、保育者がそれぞれの得意分野で活躍することで、自分が園の役に立っていることを実感できるようになり、園全体の活気につながっていきます。

No.8

学びへの変換

保護者の声から学ぶことができると、
保育者の成長は加速する。

保育や保育者に対して、
保護者から意見・要望がありました。

▼その状況において

保育者がその意見・要望を自分への非難だと捉えたり、専門職として納得できなかったりすると、次の行動につなげることができなくなってしまいます。特に若手の保育者は、保護者の方が自分よりも年齢が上だったり、子育て経験も豊富だったりする場合があり、保護者からの些細な意見・要望であっても、自分に対する非難と捉えて萎縮してしまうことがあります。また、保育の専門職の自分から見て、保護者が自分本位であり、子どものためになっていないのではないかと思ってしまうと、保護者に対して不信感を抱き、うまくコミュニケーションがとれなくなることもあります。

▼そこで

保護者の声を、その背景や気持ちを踏まえた上で翻訳し、保育者に伝え直すことで、学びへとつなげる支援をします。たとえば、保護者が保育者に伝えたかったことは何かを咀嚼し、保育者が受け取りやすいかたちで伝え直します。また、保護者から言われたことを保育に取り入れることが難しいと感じていそうな場合には、一緒に考えたり、実行するのを支えたりするのもよいでしょう。ただし、大きなトラブルや複雑な家庭事情等で、担任保育者が対応することが難しいと判断した場合には、自分や園長が園としての対応を考えるようにします。

▼その結果

保護者からの声を、その背景や気持ちを理解した上で受けとることができ、保育の改善や保育者としての成長につなげることができるようになります。そのような保育者の真摯な態度は保護者にも伝わり、よい関係を築いていくことができるようになるでしょう。また、保護者の声を保育に反映させていくと、保護者も園の保育に参画しているという意識を持つことができ、協力的な関わりを引き出していけるかもしれません。

No.9

原則に立ち戻る

未来を担う子どもたちを
育てるために。

理念や理論の原則にもとづいた実践ができる保育者を
育てたいと思っています。

▼その状況において

保育者が仕事に慣れて手際よくこなせるようになると、その自信から、独りよがりな保育になってしまうことがあります。経験を重ねることで自信が持てるようになるのはよいことなのですが、その自信が行きすぎると、自分の保育を批判的な視点で振り返ることが難しくなるものです。個人の経験則や思いばかりが優先されると、保育の原則にもとづいた実践から離れてしまい、自分の得意なことや好きなことに偏るなど、独りよがりな保育になってしまう恐れがあります。

▼そこで

保育指針や教育要領、園の理念などにもとづいた保育ができているかをチェックする仕組み・環境を整えます。たとえば、保育の計画を立てる際には、国や自治体の要領・指針、園の理念に沿っているかを保育者と一緒に確認します。保育後に、保育者がその日の実践のあり方や子どもの姿について、要領・指針、園の理念とのつながりを踏まえて振り返る場を設けるのもよいでしょう。また、社会から求められている保育のニーズや、教育や保育の要領・指針について学ぶ研修の機会をつくるというのもよいでしょう。

▼その結果

子どもの育ちに必要不可欠なポイントを押さえた上で、自分たちの保育を実践でき、園が子どもの成長にとってより望ましい環境になっていきます。また、要領・指針は、保育や子どもの発達の理論にもとづいているため、保育者にとっても一貫した保育計画を立案しやすくなります。さらに、保育者一人ひとりが日々の保育の実践について、原則を踏まえて保護者に説明することができるようになり、保護者の理解や協力も得られやすくなるでしょう。

人をつなぐことで
子どもが育つ場をつくる

10. あいだの通訳
11. 声のすくい上げ
12. みんなで育てる

13. 経験のミックス
14. 会話が生まれるしかけ
15. 根底の思い

16. 意義の共有
17. 信頼の橋渡し
18. ともに育てるパートナー

園のミドルリーダーは、「人をつなぐことで子どもが育つ場をつくる」役割も担っています。そのために、【園内の異なる立場をつなぐ】こと、【保育者間の交流を促す】こと、そして、【保護者とのよい関係を築く】ことに取り組みます。

【園内の異なる立場をつなぐ】ためには、たとえば、園の全体を長期的な視野で見ている園長と、日々の現場で子どもに向きあっている保育者の《あいだの通訳》をして、それぞれが言おうとしていることの本質をつかみ、両者にわかりやすいように伝えます。また、若手や非常勤の職員たちの疑問や困っていること、意見や思い、アイデアなどを、日頃の会話のなかで聞いておき、会議でそのことについて話し出しやすいようにするなど、みんなの《声のすくい上げ》をします。さらに、園にいる高度な知識を持つ多様な専門職員も含めて《みんなで育てる》ことができるように、専門職員も子どもの保育時間に関わることができる機会をつくります。

　そして、【保育者間の交流を促す】ために、多様な世代のさまざまな経験レベルの保育者が交わったり、複数人で取り組んだりするような仕組み・機会をコーディネートし、《経験のミックス》が起きるようにします。休憩室にちょっとしたお菓子やお茶、誰でも自由に書き込めるようなノートなどを置いたり、職員たちが一緒に楽しめるような機会を設けるなど、《会話が生まれるしかけ》をつくります。また、もし保育者の間で意見が分かれ対立してしまうようなことが起きたら、両者の子どもへの《根底の思い》に焦点を当てながら、ずれてしまった部分を整理して一緒に考えます。

　さらに、【保護者とのよい関係を築く】ということにおいても、ミドルリーダーの立場ならではの貢献ができます。園での活動について保護者が理解できるように、担任保育者が《意義の共有》をすることができる機会をつくります。担任保育者の年齢が若かったり保育経験が浅いような場合でも、保護者と担任保育者がよい関係を築けるように、ベテラン保育者としての担任保育者への信頼を語り、《信頼の橋渡し》をします。そして、保護者と保育者は、子どもを《ともに育てるパートナー》であるという認識を双方に持ってもらえるように、仲立ちをしていきます。

　このようにして、ミドルリーダーは「人をつなぐことで子どもが育つ場をつくる」のです。

No.10

あいだの通訳

異なる視点をつなぎあわせ、園の明日をつくっていく。

園長と保育者が保育について伝えたり、
話しあったりしています。

▼その状況において

園長と保育者では、それぞれの仕事の性質上、保育に対する考え方や問題意識に違いがあるため、意思の疎通が難しい場合があります。園長は園の運営の舵を取る役割を担っているため、長期的視野で保育のことを考えています。そのため、現場の保育者にとっては抽象的な語りに感じてしまうこともあります。他方、保育者は日々、目の前の子どもの育ちや保育実践についての具体的なところに目を向けているため、園長にとっては、保育者は現在の細かいことばかりに問題意識があると感じてしまうことがあります。このように、園のなかでの置かれている立場や役割によって見ているものや考えるべきことが異なるため、話がかみ合わないということが生じがちです。

▼そこで

園長と保育者の間に立ち、両者の視点の違いがわかる立場であることを活かして、それぞれが言おうとしていることの本質をつかみ、わかりやすいように伝えるようにします。たとえば、園長の示す長期的な目標が現場での実践にどのようにつながるのかを、例を交えて具体的に保育者に説明します。逆に、保育者の思いやチャレンジしてみたいことについては、園が目指している保育のなかにどのように位置づけられ関係するのかを補足しながら園長に伝えるようにします。両者の考え方にあまりにも開きがある場合には、それぞれの意見をよく理解した上で、間にいる立場からの意見や感想を伝えるとよいでしょう。

▼その結果

視野の違いにより理解が難しかったことについても、お互いにわかるようになります。すると、園の長期的な見通しと、現場の保育実践に一貫性をもたせることができるでしょう。また、園の長期的な見通しと現場の保育実践のつながりを実感できると、それらが両輪となって園が動いているということを実感でき、立場を超えた一体感を持つこともできるようになっていきます。

No.11

声のすくい上げ

日頃から聴いていると、
自然に話題に取り上げることができる。

職員が集まって話しあう
会議があります。

▼その状況において

自由に発言できる場でも若手や非常勤の職員たちにとってはなかなか発言しづらいため、悩みや問題、重要な意見などを取りこぼしてしまうことがあります。会議では、限られた時間のなかでさまざまな議題を効率よく話しあっていく必要があります。参加者の誰もが安心して自由に意見を言える場であるといっても、実際には、立場が強い人や発言力がある人に遠慮してしまい、若手や非常勤の職員などが自分の意見や思いを言い出しにくいという場合も多くあります。

▼そこで

日頃の会話のなかで、若手や非常勤の職員たちの疑問や困っていること、意見や思い、アイデアなどについて聞いておき、会議でそれらについて話し出しやすい流れをつくります。たとえば、経験の浅い若手保育者や、勤務時間の短い非常勤職員とのコミュニケーションをこまめにとっておき、わからないことや困っていることがないかを把握しておきます。そのとき、出てきた疑問や意見が重要だと思ったら、その重要性を伝えると、本人も伝えるに値することだと認識できるようになり、発言への背中を押すことにつながります。そして、会議では、その話題について話が出しやすいような流れをつくります。こうして、できるだけ多くの職員の多様な声をすくい上げるようにしていきます。

▼その結果

若手や非常勤の職員たちも、自分の疑問や意見、アイデアについて話し出しやすくなり、多様な視点や考えが会議の場にきちんと出てくるようになります。そのことがよりよい意思決定や合意形成につながり、風通しのよい話しあいができる場になっていきます。また、そのように自分の声が出せるようになると、誰もが受け身ではなく、自分事として積極的に会議に参加できるようになるでしょう。

No.12

みんなで育てる

それぞれの知恵と工夫を総動員して、
子どもの育ちをかたちづくる。

園には、さまざまな専門性を持つ職員が
働いています。

▼その状況において

クラスの担任保育者が「自分の力で子どもを育てなければならない」と、必要以上に意気込んでしまうと、多様な専門職員の力を活かすことができなくなってしまいます。 園での毎日をつくっていくために、園には保育者以外にもたくさんの大人がいます。なかには、高度な専門知識を持つ人もいるでしょう。子どもの園生活は、その人たちにも支えられて成り立っています。それにもかかわらず、担任保育者はその責任感から、「自分の力で子どもを育てなければならない」と意気込み、「他の職員に甘えてはいけない」と考えがちです。そうなると、せっかくの多様な専門職員の力が発揮される機会が少なくなったり、縦割りで不自然な環境になったりしてしまうでしょう。

▼そこで

園での子どもの保育時間に専門の職員たちが少しずつでも関わることができる機会をつくるようにします。 たとえば、保育のなかで、栄養士に食べ物に関する絵本の読み聞かせをしてもらったり、野菜の栽培を一緒にしてもらったりする機会をつくります。園バスがある園では、バスの運転手さんに車中での子どもの雰囲気や、乗り降りの際の子どもの様子などで気づいたことを教えてもらうのもよいでしょう。ただし、職員の専門業務に支障が出たり、負担が大きくなりすぎないように配慮することも大切です。

▼その結果

子どもにとって、多様な専門を持つ人と触れあうことで、園での生活・経験が豊かになります。また、専門の職員にとっても、日頃の保育のなかで子どもと関わることを通して、専門的な役割を遂行する上で必要な子どもへの理解を深めることができます。担任保育者も専門職員との情報共有や協働の機会が増え、ひとつのチームとして子どもたちを育てていく意識を持つことができるようになるでしょう。

No.13

経験のミックス

多様な組み合わせのなかで、
学びは広がり、理解も深まる。

園には、多様な世代の
さまざまな経験レベルの職員がいます。

▼その状況において

職員たちの年齢差や経験差が大きいと、自然には円滑なコミュニケーションが生まれにくい場合があります。経験の豊かな職員と交流することは、保育に活かすことができる多くの知見・コツを伝授してもらえる絶好の機会になるものですが、若手の職員にとっては年齢も上で経験も豊富な先輩職員のことが遠い存在に感じられ、気後れしてしまいがちです。他方、上の世代は、下の世代の感覚がつかみにくく理解できなかったり、とらえどころがないと感じることもあります。そうなると、若手のフレッシュな発想や感性を知ることなく、今の時代に沿う保育ができなくなってしまうかもしれません。

▼そこで

園のいろいろな職員が交わりながら取り組むような機会や仕組みをコーディネートします。たとえば、普段あまり交流するチャンスのない職員同士を組み合わせて小グループやペアをつくり、対話する場を設けます。あるいは、何かチームでの仕事をする際に、あえて年齢差や経験差のある職員たちが協働できるような編成にするのもよいでしょう。年齢差や経験差があまりにも大きく、いきなり協働することが難しそうな場合には、その間にいる人も加え、うまくいくように工夫します。

▼その結果

若手職員の学びの機会が自然と増えるだけでなく、上の世代の職員にとっても、若手世代の発想や流行に触れることができ、従来の考え方にとどまっていた部分を新たな考え方に更新する機会になります。年齢差や経験差を越えた職員間の交流が活発になると、情報交換しやすい関係を築くことができ、経験豊かな職員のこれまで積み重ねてきた保育に関する知恵や技術が若い世代に受け継がれやすくなります。

No.14

会話が生まれるしかけ

和んだ雰囲気は、よい人間関係をもたらす。

園のすべての職員が、気軽に話しあえる関係に
なるようにしたいと考えています。

▼その状況において

日頃のコミュニケーションが、事務的な連絡や仕事のやりとりだけに終始していると、職員たちの関係が堅苦しいものになり、いざというときに助けあいにくくなってしまいます。保育者が自分のクラスにこもり、他の職員たちと話さずに一日の保育を終えることは、不可能なことではありません。また、交流しようと思う気持ちはあっても、忙しい日々のなかでは時間がとれず、実現できないということもよくあります。そうなると、ちょっとしたお願いや相談・確認がしにくくなり、すれ違いや誤解が生じてしまうこともあります。

▼そこで

仕事とは直接関係のない、たわいのない会話が生まれるようなしかけづくりをします。たとえば、休憩室に自由ノートを置いて、つぶやきやイラストなど、誰でも自由に書き込めるようなコーナーを設けます。あるいは、趣味のサークル活動やスポーツ大会など、職員たちが一緒に楽しめるような機会をつくります。すべてを自分でやらなくても、企画を立てるのが得意な職員や、やりたいと言ってくれる職員に担当してもらうのもよいでしょう。また、休憩中に楽しむことができるちょっとしたお菓子やお茶などを用意して、リラックスしておしゃべりできるような環境をつくるのもよいでしょう。

▼その結果

職員同士がたわいのないおしゃべりをする機会を得て、職場の緊張感が和らぎます。そうやって、気心の知れた関係になると、仕事上でもコミュニケーションがとりやすくなり、相談やお願いも気軽に言いあえるようになります。そうなると、ともに働くメンバーとしての意識が強くなり、チームワークも高まるでしょう。

No.15

根底の思い

子どもへの思いを言葉にすると、
すれ違いの出口が見えてくる。

保育者の間で意見が分かれ、
対立しているようです。

▼その状況において

互いに真剣であるがゆえに、**保育者同士で意見が対立したときに雰囲気が険悪になったり、ひどい場合には人間関係が崩れて、協働することが困難になったりすることがあります**。保育者は、それぞれに自分の経験知や価値観が異なるため、保育に対する見方や意見は必ずしも同じではありません。また、同じ職場で働いているからといって相性がピッタリ合うというものでもなく、ちょっとした行き違いをきっかけにして、意見の衝突は起こり得るものです。そして、感情的にこじれてしまい、互いに歩み寄る姿勢が持てない場合には、保育に支障が出てしまうこともあるでしょう。

▼そこで

対立している保育者それぞれが考えた子どもへの思いに焦点を当てて話を聞き、ズレているポイントを整理して一緒に考えます。穏やかに話の輪のなかに入り、中立の姿勢で両者それぞれの言い分を聴いていきます。両者が各々の主張を十分に話した後に、「○○さんは、なぜそのように考えたの？」「それは、子どもの視点に立つとどんなふうに見えるかな」などと問いかけ、対立の原因を丁寧に探りながら話しあいを進めます。互いの経験や目指す方向の違いによって、それぞれが見えていないと思われる部分や、誤解していると思われる部分を両者にわかるように説明し、仲立ちをします。話しあいのゴールをこちらが決めるのではなく、両者から解決案が出されるまで議論を整理しながら根気強く待つのがよいでしょう。

▼その結果

当人たちだけでは解決できなかった問題を、両者が納得できるかたちで収めることができます。また、保育者たちがお互いの根底にあるものに気づくと、今後、同じような問題が生じた際にも解決の糸口を見つけやすく、意見の食い違いを解きほぐすことができるようになります。このように、子どもへの根底の思いを語りあう対話の場を設けて根気強く継続することで、常に子どもにフォーカスした話しあいが行われる園になっていくでしょう。

No.16

意義の共有

園での子どもの育ちを
伝えることから。

園の保育で、さまざまな取り組み・活動が
行われています。

▼その状況において

園での保育の意義やそこでの子どもの育ちは、保護者にとって必ずしもわかりやすいものであるとはいえません。園が掲げている保育理念や方針などは、園全体の大きな目標や考え方が表現されたものであり、そこに含まれる意味や奥深さを保護者が理解するのは、必ずしも容易ではありません。また、子どもの育ちは、日々の生活のなかで少しずつ積み重ねられていくものであり、短期間で明らかに目に見えるかたちで現れるとも限りません。しかも、子どもは園での体験を家族にうまく伝えられるわけではないので、保護者からすると、子どもたちの日々の育ちは捉えにくいものなのです。

▼そこで

園での活動について保護者が視覚的に捉えられる工夫をし、子どもたちがどのような活動のなかでどのような経験をし、どんな力が育っているのかを、担任保育者から紹介してもらう機会をつくります。たとえば、日々の子どもの活動の様子を写真に撮り、キャプションやエピソードを添えて園のホームページやお手紙などで保護者が見られるようにします。送迎時や保護者会などで、保護者と会話を交わしながら楽しく見るのもよいでしょう。こうして、子どもの日々の細やかな育ちが、園が掲げている理念や方針とどのように関連し、つながっているのかを、保育者が保護者にわかりやすい言葉で伝えられる機会をつくります。

▼その結果

保護者は、園での子どもたちの様子を垣間見ることができ、そこでの子どもの育ちがどのようなものなのかを理解することができます。そうすると、保護者も子どもの成長を実感することができ、よりおおらかな気持ちで子どもと向きあうことができるようになるでしょう。また、園は単に子どもを預けるだけの場所ではなく、子どもがさまざまな体験をして育つ場であるということへの理解が深まり、園の活動への期待や協力につながるでしょう。

No.17

信頼の橋渡し

ベテランの保育者として、
若手への信頼を語る。

保護者に、担任保育者のことを信頼してほしいと
願っています。

▼その状況において

担任保育者の年齢が若かったり保育経験が浅かったりすると、保護者はそれを敏感に感じて不安になる場合があります。親は子どもを自分から離れて過ごさせるというだけで不安を感じてしまうので、担任保育者の経験が浅いと、不安が増すのは当然だと言えます。保護者も子育てについてのさまざまな情報や知識を持っていることが多く、その観点で見て担任保育者が頼りないと思うこともあるかもしれません。そうやって不安を抱いた保護者が、担任保育者ではない別のベテラン保育者を頼って相談に行ったりすると、担任保育者と保護者との距離はますます離れていってしまうでしょう。

▼そこで

保護者が担任保育者に頼ることができるような、よい関係を築くことをさりげなくサポートします。たとえば、担任保育者が毎日一生懸命保育に臨んでいることや、子どもから慕われていること、自分が信頼して仕事を任せられる保育者であることなどを、保護者にさりげなく伝えます。もし保護者が、担任保育者を飛ばして自分やベテラン保育者のところに相談を持ちかけてきた場合は、その保護者の思いは受け止めつつ、できるだけ担任保育者と一緒に相談を受け、話しあうようにしていきます。また、経験の浅い保育者だけでは汲み取りきれない保護者の思いなどに気づいた場合には、その気づきをその保育者に伝え、保護者との関係づくりを支援します。

▼その結果

ベテランの太鼓判がきっかけとなり、担任保育者のよい面や信頼のおける面にも保護者の目が向くようになります。そうなれば、担任保育者との関係もよくなり、それが日々の保育を安定的によりよくすることにつながっていきます。また、保育者にとっても、信頼されることで責任感が増し、一人前の保育者へと育っていくことにつながります。

No.18

ともに育てるパートナー

子どものために、保護者と保育者が
ともに取り組めるように仲立ちをする。

保護者と保育者のよい関係を
促したいと思っています。

▼その状況において

単に保護者からの要望を受け入れたり、逆に園から保護者にお願いしたりするだけの関係では、期待が果たされないときに不満な気持ちが生まれ、関係がこじれてしまうことがあります。人は、他の人に何かを頼むと、その責任は相手に移り、自分にはなくなると思うものです。園での保育の責任は園側にあるのは確かですが、子どもの経験や育ちは生活全体に渡るものであり、園での努力だけでは大きく変わっていかないこともあり、また逆も同じです。保育者と保護者がそのことをきちんと理解できていないと、関係性がこじれて、保育に支障をきたしてしまうことがあります。

▼そこで

保護者と保育者は子どもの生活における異なる部分に関わる「パートナー」であるという認識を、保護者と保育者の双方に持ってもらえるように仲立ちをします。保護者が園や保育者に期待していることを、どうしたら実現できるのかを担任保育者と一緒に考えます。そのなかで、家庭や家族の協力が必要だというところは、保護者にも伝えて一緒に取り組んでもらうようにします。逆に、園生活をよくするために家庭でもこうしてほしいと思うことがあるときには、それが妥当なものかを考えて、保護者に一緒に伝えてみます。このように、子どもの生きる世界をトータルに捉え、それに寄り添いながら、関係者で協力しあって子どもの育ちを支えていきます。

▼その結果

保護者と保育者は、協力しながら一緒に子どもを育てていくという姿勢で関わりあうことができるようになります。そうすることで、一方が他方に過度な期待をしてがっかりしたり、不満が募るということもなくなるでしょう。そうなれば、子どもにとっても、自分が生きる世界がつながっているという安心感を持つことができるでしょう。

保育についての既成概念を
つくりかえていく

19. ワクワクの素材
20. 魅力的な実践見学
21. 新たな試み

22. より大きな意味での保育
23. 子どもたちとの時間
24. 充電タイム

25. 園を超えた交流
26. 強みの芽
27. 未来のリーダー

園のミドルリーダーは、「**保育についての既成概念をつくりかえていく**」という役割も担っています。そのために、【新しいワクワクを育んでいく】こと、【続けていけるように工夫する】こと、さらには、【園のこれからをつくる】ことに取り組みます。

【新しいワクワクを育んでいく】ためには、たとえば、日頃から保育に使える《ワクワクの素材》を収集し、いつでも使えるように集めてストックしておいて、子どもや保育者の発想を刺激します。また、よい実践や面白い取り組みをしているクラスがあれば、それを他クラスの担任保育者が見学したり、保育後に話を聴いたりして学べるようにして、《魅力的な実践見学》を促します。さらに、自分が一保育者として直接保育に関わるときには、自分の経験が浅かった頃や、現場にずっと張り付いていたときには実現できなかったような《新たな試み》を入れて、新しい保育を開拓します。

　そして、仕事を長く【続けていけるように工夫する】ことも大切です。ミドルリーダーのなかには、もともとは保育に携わりたいと思って保育者になった人が多いでしょう。そうなると、今の立場の仕事は「自分が本来やりたかったことではない」と感じてしまうかもしれません。そんなときは、保育実践の経験を多く積んだからこそ園全体への貢献ができるようになり、《より大きな意味での保育》に携わるようになったのだと捉えるとよいでしょう。その上で、一人の保育者として保育の現場に入って、《子どもたちとの時間》をつくり、今の子どもたちや保育のリアルに触れるようにします。そして、自分自身も含め、職員たちが心身を疲弊させてバーンアウト（燃え尽き）しないように、自分を磨いたり楽しんだりする《充電タイム》も大切にできるような職場環境や雰囲気をつくっていきます。

　さらに、【園のこれからをつくる】ために、他園のミドルリーダーたちと交流したり、地域のさまざまなコミュニティとつながるというような《園を超えた交流》の機会をつくるようにします。社会のニーズに応じて柔軟に変わりながらも、安心して任せてもらえる園であるために、今自園が持っている資源の《強みの芽》を把握し、それらを伸ばすようにします。さらに、自分が抱えている仕事を少しずつ次世代の職員に教え、任せていき、《未来のリーダー》を育てていくことも、園の未来のためには大切なことです。

　このようにして、ミドルリーダーは「保育についての既成概念をつくりかえていく」のです。

No.19

ワクワクの素材

保育の素材や空間をコーディネートし、
みんなのワクワクを引き出す。

子どもたちの想像力や創造性を
育む園でありたいと考えています。

▼その状況において

想像力をかきたてワクワクするような、製作や見立て遊びのための材料を、個々の保育者が準備することは、時間や労力の関係で難しいものです。本当は一人ひとりの子どもの興味や関心、発達のタイミングは多様なのですが、準備のことを考えると、全員で同じタイミングで同じようなものをつくることになりがちです。しかも、作品の出来映えなどに強い関心を持つ保護者も少なくないため、よい見栄えにすることに意識が行き、子どもがつくるプロセスの自由度が下がってしまうということがしばしばあります。しかし、それでは、子どもたちののびのびとした想像力や創造性を育むことはできません。

▼そこで

日頃から保育に使える素材を収集し、いつでも使えるようにまとめてストックしておき、子どもや保育者の発想を刺激します。たとえば、園内に自由に使ってよい素材を集めたコーナーを設けます。そこに置いておくものは、使い方が限られた既成のおもちゃなどではなく、子どもたちが自由な発想で組み合わせて製作や見立て遊びに使うことができる素材にします。そのようなものを保育者や保護者が持ち寄るような機会をつくったり呼びかけたりして、補充や追加もできる仕組みにするとよいでしょう。

▼その結果

保育材が充実することによって、子どもや保育者の発想を刺激し、発想豊かな製作や見立て遊びに取り組むことができるようになります。そこから他の活動にも広がって、どんどん創造的な時間が増えていくことにつながるでしょう。また、園内の保育材が常に充実していることで、担任保育者がその調達に意識を奪われることなく、心にも時間にもゆとりをもって保育の準備や実践ができるできるようにもなります。このようなワクワクするような環境と活動は、保育者たちがさらに自分たちの園を創造的につくっていこうという意識につながっていきます。

No.20

魅力的な実践見学

すぐそばにある素晴らしい発想を
園全体に広げていく。

園内に、よい実践や面白い実践ができる保育者を
増やしていきたいと考えています。

▼その状況において

保育者は担任クラスを受け持つようになるとその運営に集中し、自分のクラス内のことばかりに意識が向いて、**視野が狭くなってしまいがちです。**担任クラスを持つ保育者は、保育時間中に他のクラスの実践を見に行くことが物理的に難しい状況にあります。また、たとえ見に行く時間が確保できたとしても、経験の浅い保育者には、「見て学べ」というだけでは、どこをどう見ればよいのかがわかりにくく、自分の実践への学びを得ることはなかなか難しいものです。

▼そこで

よい実践や面白い取り組みをしているクラスをピックアップして、他のクラスの担任保育者が保育時間中に見学したり、保育時間後にその保育環境を見ながら話を聴いたりして、学べるようにします。まずは、自分で各クラスを見て回ったり、担任保育者から話を聴いたりして、園で行われているよい実践や面白い取り組みを把握します。そして、それが魅力的な実践であることを、それを実施している保育者に伝えます。その上で、そのクラスでの実践の魅力を、他のクラスの保育者に伝え、見に行くことを勧めます。どういう点が注目に値するのかも伝えると、経験の浅い保育者でも学びにつなげやすくなります。保育者が見学に行っている間は、自分がそのクラスに助っ人として入るようにすれば、安心して学びに行ってもらうことができるでしょう。

▼その結果

見学に行った保育者が、自分の実践に活かすことができる具体的な実践や発想を得ることができます。そして、実践している保育者にとっても、その実践が見学されるほど魅力的なものだと気づき、自らの実践のよさや面白さを再認識するとともに、自信につなげることができます。このように園内の同僚から学びあうことができるようになると、創造的な刺激が連鎖して学びが加速的に生じるようになり、園全体が活性化していくでしょう。

No.21

新たな試み

経験・常識に囚われず、
自分なりに更新していく。

一保育者として、
保育に関わる機会があります。

▼その状況において

これまでの豊富な経験と慣れから保育実践が楽に思い浮かんだり、担任保育者への遠慮の気持ちが生じたりすることで、無難な実践にとどまってしまうことがあります。すでにいろいろな経験があるため、いろいろな取り組みや対応は楽にできるかもしれません。また、そのクラスの担任保育者への遠慮もあり、サポート役に徹しようとする気持ちも生まれやすいものです。しかし、それでは、その日の保育を問題なく終えることはできても、同じようなことを繰り返すだけになり、保育内容の広がりは生まれません。

▼そこで

自分が直接保育に関わるときには、経験が浅かった頃や、現場にずっと張り付いていた頃には実現できなかったような大胆な試みを入れてみます。多くの実践を経てきたからこそ新しい保育例を生み出すつもりで考えるとよいでしょう。たとえば、自分の得意なことや好きなことを入れて発想してみたり、日頃一歩引いた立場から見て「もっとこうしたら面白いのに」と感じていたことなどを試みるのもよいでしょう。目の前の子どもたちの流行りなど、以前の保育にはなかったような発想や活動も積極的に取り入れていくこともできます。新たなことに取り組んだら、やりっぱなしにするのではなく、その実践の過程や結果、課題を伝え、担任保育者へ引き継ぐことも忘れないようにします。

▼その結果

子どもたちにとって、そのような日は普段と少し違う特別な日になるでしょう。また、担任保育者にとっても、楽しい刺激となります。さらに、自分にとっても、これまでの経験でうまくいった実践の繰り返しでは得られない、保育実践についての学びと成長の機会にもなります。こうして、身をもってチャレンジ精神を示していくことは、保育者たちのチャレンジを後押しすることになり、園全体が活性化していくことにつながります。

No.22

より大きな意味での保育

園全体に関わることは、
子どもたち一人ひとりの保育に通じる。

もともとは保育に携わりたいと思って保育者になり、
今は園の運営に携わっています。

▼その状況において

仕事のなかで子どもと直接触れあう機会が少なくなると、自分が本来やりたかった仕事ではないと感じてしまうかもしれません。ミドルリーダーの仕事は、組織の運営や責任者としての側面が強く、「これは自分がやりたかったことではない」と感じてしまう人がいても、それは無理もないことです。また、「もっと子どもたちと触れあう時間があるとよいのに」という思いが出てくるのも当然です。しかし、そういうことばかりに意識が行くと、仕事に楽しさややりがいを感じられず、精神的につらくなって仕事の質も下がってしまうかもしれません。

▼そこで

保育実践の経験を多く積んだからこそ園全体への貢献ができるようになったのであり、仕事が何か別のものに変わってしまったのではなく、現場から運営までの広い範囲に広がったのだと捉えるようにします。思い返せば、かつて自分が保育者として子どもと接していたときには、誰かが保育の環境を整えてくれていたからこそ、保育に専念することができたのです。今度は自分がそのときの経験を活かして、後輩の保育者たちの環境をつくる番です。現場での保育実践の経験があるからこそ、保育の環境・組織に対して自分にできることがあるのです。クラスを直接担当しているときにはできないような、大きなスケールで考えることもできるようになります。わずかとはいえ《子どもたちとの時間》を大切にし、楽しみながら、その子たちが毎日を過ごす園全体をつくっていきます。

▼その結果

自分の仕事は保育とは別の何かではなく、保育の範囲が拡大しただけで、これまで保育者としてやってきたような「子どもたちの成長を見守る大切な仕事」であると考えられるようになります。そうなると、一つひとつの仕事に対して真摯な気持ちと、やさしい心が込められるようになり、その思いはきっと現場の保育者にも伝わり、あたたかな職場になっていくでしょう。

No.23

子どもたちとの時間

保育者としての勘を磨き続ける。

日々、園の運営や保育環境を支える
仕事をしています。

▼その状況において

保育の現場から一歩引いて見たり園全体に目を配っていたりするだけでは、子どものリアリティから離れていってしまうかもしれません。自分も以前は現場で保育に関わっていたことから、経験は十分にあるという自負はあるものです。しかし、子どもたちの特徴や傾向は、時代とともに変わるものであり、昔の感覚がそのまま今に通じるとは限りません。また、自分の経験や感覚も、時間の経過とともに薄れたり、変質したりすることもあります。そうなると、今の子どもたちや現場の実情と合わない判断をしてしまうことになるかもしれません。

▼そこで

一人の保育者として保育の現場に入る機会をつくり、子どもたちと過ごす時間を大切にします。園によってはミドルリーダーでもクラスの担当保育者を兼ねている場合がありますが、そうでない場合には、さまざまなクラスの子どもたちと少しずつでも関わる機会を積極的につくるようにします。ミドルリーダーとしての仕事だけでも多くの時間を取られ、その業務に追われがちになるので、子どもと関わるための時間をつくり出す工夫をするとよいでしょう。たとえば、優先度の低い仕事を整理したり、業務を区切りよく小分けにした「仕事セット」をつくっておき、比較的短時間で片づけられるものは隙間時間で取り組むようにして把握・実施していくなど、仕事の仕方を工夫します。

▼その結果

子どもたちとの触れあいを通じて、今の子どもたちや保育のリアルに触れることができ、自分の認識や感覚を更新し続けることができます。また、子どもと関わることを通して、保育の楽しさやワクワクする気持ちを味わい、ミドルリーダーの仕事の意義も感じられるようになります。さらに、一人のベテラン保育者として保育に直接携わることで、園での保育の質を上げるとともに、他の保育者への保育実践の学びの機会をつくることにもなります。

No.24

充電タイム

バリバリがんばるためにも、
自分らしい時間を大切にする。

自分も職員たちも皆、
日々、全力で仕事に取り組んでいます。

▼その状況において

一生懸命取り組んでいる人・園ほど、仕事に没頭して長時間従事するということが常態化してしまい、心身が疲弊してしまうことがあります。保育の話しあいや準備はどんなに時間をかけても不十分に思えてしまい、終わりが見えないまま続いてしまう傾向があります。そうなると、延々と話し込んだり、仕事を持ち帰ったりすることになり、仕事とプライベートとの境を見失い、生活のバランスを崩してしまいがちです。真面目であればあるほど、もっとやらねばならないと思いやすく、過労で倒れてから初めてやりすぎていたことに気づくということになりかねません。

▼そこで

自分自身も含め、職員たちが仕事とそれ以外の時間のバランスを保てるように、自分のことを磨いたり楽しんだりする時間も大切にできるような環境やシステム、雰囲気をつくります。保育者は保育者である前に生活者であることを意識し、人として充実した心地よい生活リズムを保つことができる職場環境をつくります。職員らが家庭での規則正しい生活を営めるように、また家族との団らんの時間が十分に持てるように、無理のない就業時間になるように管理します。職員が休日をきちんと取ることができるシステムと、それに後ろめたさを感じない雰囲気づくりもしていきます。そのためには、自分も働き詰めにならないようにして、自ら周囲に示していくことも大切です。

▼その結果

自分らしく充実した生活ができることで心にゆとりができ、健全に長く働き続けることができる土壌ができていきます。また、職員一人ひとりが「自分は大切にされている」ということを実感し、心身ともによいコンディションで保育に従事することができるようになります。また、余暇のリラックスした思考や趣味の活動が間接的に保育のアイディアに結びつくこともあります。職員の心の余裕は、子どもをゆったりと見守ることにつながっていくでしょう。

No.25

園を超えた交流

多様な人や考え方に出会う。

時代の変化やニーズに合った
よりよい園にしたいと思っています。

▼その状況において

社会の変化や新しいニーズ、最新の保育の知見を踏まえた園をつくっていくためには、今自分が持っている知識や経験だけでは限界があります。保育は、さまざまな分野の情報や知識、技術が必要な営みであり、しかもそのもととなる知見は日々更新されているため、自ら積極的に学び続けなければ、時代遅れや時代錯誤に陥ってしまう可能性があります。また、今は保育制度の過渡期でもあるため、国や自治体の指針や自園の方向性、保護者のニーズなどが複雑に絡みあい、園の方向性を決める判断は容易ではありません。これからの時代に求められるさまざまな事柄に対応できるミドルリーダーとして成長していくためには、すでに持っている保育実践の経験知に頼るだけでは足りないのです。

▼そこで

他園のミドルリーダーたちと交流したり、地域のさまざまなコミュニティとつながる機会をつくります。たとえば、他園と協力して、互いの園の実践を見に行きあったり、協力して何かに取り組んだりすることができる仕組みをつくります。また、ミドルリーダー同士が交流できる場をつくり、情報交換や学びあいができるようにします。地域のさまざまな人や文化にも触れ、園とのつながりをつくっていくことで、自分と園に新しい風を取り入れるとともに、自分たちの園を地域に開かれた園にしていきます。

▼その結果

自園に閉じこもっていては見えなかった点に気づくことができ、改めて保育の実践や環境について見直す機会となります。また、他園の事情や取り組みを知ることにより、自園の長所・短所にも気づくことができます。さらに、園内で重い責務を担っているミドルリーダー同士のネットワークを持つことで、情報交換や相談がしやすくなり、仕事に対してより前向きに取り組んでいけるようになるでしょう。また、地域社会とつながることで、園が地域に根差したものとなり、地域と園が協力しあえる関係になることにつながっていきます。

No.26

強みの芽

今ある資源こそ、
自園の新たな力の宝庫。

社会のニーズに応じて柔軟で細やかな対応ができ、
安心して任せてもらえる園でありたいと思っています。

▼その状況において

よりよい保育を実現するために、専門性のある職員を増やす必要があるのではないかと考えても、それにかなう多様な人材を確保することは簡単ではありません。最近ではカウンセラーなどの専門職員や、発達障害等についての専門知識を持つ職員、運動や音楽、語学等の資格を持つ職員が在籍している園も増えてきており、保護者の園への期待は以前よりも高まっています。しかし、専門を持っている上に自分たちの園にも合う人を増やしていくことは、そういう人材に出会うという面でも、働いてもらうときのコストの面でも難しいものです。

▼そこで

今自園が持つ資源を強みと捉え、それをどう活かせば園の次の展開・成長につながるのかを考え、それらの力を伸ばすようにしていきます。たとえば、今いる職員一人ひとりの専門性や得意分野などを改めて見直し、これまでに活かしきれていなかった人材や能力がないかを確認していきます。本人の希望を踏まえ、また園全体のバランスも見ながら、誰がどんなことを重点的に身につけ伸ばしていくのかをデザインし、研修に行って学んだり、積極的に実践したりできる仕組みをつくります。立地や設備など、物理的な強みも見つめ直し、自園の強みになりそうな点を見つけ、活かしていきます。

▼その結果

外から新しい人を迎え入れるというだけでなく、今いる職員の活躍・成長を園の展開・成長につなげることができます。そして、職員一人ひとりの能力が見出されることで、皆が園にとってかけがえのない存在であるということが実感できるようになり、職員たちのモチベーションが上がっていくでしょう。こうして、園にさまざまな分野のスペシャリストが育ち、園独自の新しい強みをつくっていくことができます。その上で、今の職員たちが活躍・成長するのではどうしても足りないという領域が見えてきたら、その領域を重点的に募集し、その専門の人を新しく迎え入れるとよいでしょう。

No.27

未来のリーダー

丁寧に教えて任せることで、
全体の力を育てていく。

職員一人ひとりに、園をよりよくつくっていく
という意識を持ってほしいと願っています。

▼その状況において

自分がしている仕事を、いつまでも自分だけで抱えていると、その仕事を担うことができる次の人材が育ちません。 ミドルリーダーの役割・仕事は、園長の補佐業務、人材育成、地域との交流など多岐にわたりますが、そのなかには必ずしもミドルリーダーの立場でなくてもできることが含まれています。とはいえ、それらの仕事は豊富な経験や広い視野が必要だとも感じられたり、誰かに任せるとその人の負担になるのではないかと気を遣ったりして、慣れている自分がやったほうが効率がよいと思ってしまいがちです。しかし、そうなると、いつまでも次にミドルリーダーになれるような人が育ちません。

▼そこで

自分が抱えている仕事の一部を、経験や能力に応じて分担して任せていくことで、次世代の職員が少しずついろいろな仕事の経験を積むことができるようにしていきます。 まず、自分が抱えている業務の一つひとつについて、本当に自分が取り組まなければならないものなのかを見極めます。そして、他の職員でもできることは分担し、任せるようにします。そのとき、時間的に余裕のあるものを選び、やり方や考え方、自分の経験などを丁寧に教えるようにします。《やる気が出る手助け》や《ワクワクの素材》のサポート等によって職員の負担を軽減することで、職員の働く時間を増やすことなく実現することができます。

▼その結果

「その仕事を自分でやっていた時間」を「次世代に教え育てる時間」に変えることで、仕事の「丸投げ」ではなく、職員の成長への機会にすることができます。職員一人ひとりが、園全体の運営に関わる業務を体験することで、園のことを自分なりに考えるきっかけになり、次のミドルリーダーを育てることにつながります。中長期的には自分も抱える仕事が軽減されていくことになり、ゆとりをもって全体を見ることができるようになるので、新しい挑戦へと踏み出すことができるようになり、それがまた園を前に進め続けていく力になるでしょう。

実践の振り返りと可視化──ミドルリーダー実践の経験チャート

　27個の「園づくりのことば」を用いて、自分の実践の現状を可視化して、その全体像を把握することができます。「園づくりのことば」は、内容的に関係の強いものが3つごとにひとまとまりになっています。たとえば、1.《自分の発見から》、2.《見通しのひとこと》、3.《やる気がでる手助け》は、保育者が成長できる環境をつくるための「日々の実践と成長を支える」ことに関する内容です。このようにすべての秘訣が、3つごとに1つのグループになるようにまとめられています。ここでは、この構造を活かして、自分の実践の現状を把握していきます。

保育者が成長できる 環境をつくる	人をつなぐことで 子どもが育つ場をつくる	保育についての既成概念を つくりかえていく
1. 自分の発見から 2. 見通しのひとこと 3. やる気がでる手助け	10. あいだの通訳 11. 声のすくい上げ 12. みんなで育てる	19. ワクワクの素材 20. 魅力的な実践見学 21. 新たな試み
4. 日頃のおしゃべり 5. ひと呼吸おく 6. がんばりへのリスペクト	13. 経験のミックス 14. 会話が生まれるしかけ 15. 根底の思い	22. より大きな意味での保育 23. 子どもたちとの時間 24. 充電タイム
7. 楽しむきっかけ 8. 学びへの変換 9. 原則に立ち戻る	16. 意義の共有 17. 信頼の橋渡し 18. ともに育てるパートナー	25. 園を超えた交流 26. 強みの芽 27. 未来のリーダー

　自分の実践の現状を可視化するために、「園づくりのことば」27個のそれぞれについて、自分が日頃やっているかどうかをチェックしていきます。たとえば、担任保育者とクラスの一日を振り返るときには《自分の発見から》話して相手の語りを引き出しているか、保育者に助言するときには具体的指示というよりは《見通しのひとこと》を語っているか、保育者

カテゴリー	グループ	園づくりのことば	実践チェック ○	グループの合計ポイント 0〜3
保育者が成長できる環境をつくる	日々の実践と成長を支える	1. 自分の発見から		
		2. 見通しのひとこと		
		3. やる気がでる手助け		
	心が通う関係になる	4. 日頃のおしゃべり		
		5. ひと呼吸おく		
		6. がんばりへのリスペクト		
	さらなる成長へと導く	7. 楽しむきっかけ		
		8. 学びへの変換		
		9. 原則に立ち戻る		
人をつなぐことで子どもが育つ場をつくる	園内の異なる立場をつなぐ	10. あいだの通訳		
		11. 声のすくい上げ		
		12. みんなで育てる		
	保育者間の交流を促す	13. 経験のミックス		
		14. 会話が生まれるしかけ		
		15. 根底の思い		
	保護者とのよい関係を築く	16. 意義の共有		
		17. 信頼の橋渡し		
		18. ともに育てるパートナー		
保育についての既成概念をつくりかえていく	新しいワクワクを育んでいく	19. ワクワクの素材		
		20. 魅力的な実践見学		
		21. 新たな試み		
	続けていけるように工夫する	22. より大きな意味での保育		
		23. 子どもたちとの時間		
		24. 充電タイム		
	園のこれからをつくる	25. 園を超えた交流		
		26. 強みの芽		
		27. 未来のリーダー		

が難しい課題に取り組もうとしているときは《やる気がでる手助け》をしているか、というように、それを実践しているかいないかを考えるのです。この３つの秘訣のうち、実践しているものの数がこのグループの合計ポイント数になります。１つ実践しているなら１ポイント、２つなら２ポイント、３つなら３ポイントとういうことになります。そして、そのような振り返りを、すべての「ことば」に対して行い、全部で９個あるグループの合計ポイントをそれぞれ出していきます。実際に取り組むときには、前ページの表をコピーし、それに書き込んでいくとよいでしょう。

　すべての「ことば」の実践チェックが終わり、各グループの合計ポイントが算出できたら、その結果を p.71 にある「経験チャート」の該当箇所にプロットしていきます。こちらも、グラフの土台をコピーして、それに描き込んでいくことをおすすめします。グループごとに軸があるので、その軸の目盛りの０から３のなかで合計ポイント数に対応するところに印を付けて（点を描いて）いきます。そして、すべてのグループについて印を付け終わったら、それらの点をつなぎ、できた形の内側の領域に色を塗ります。

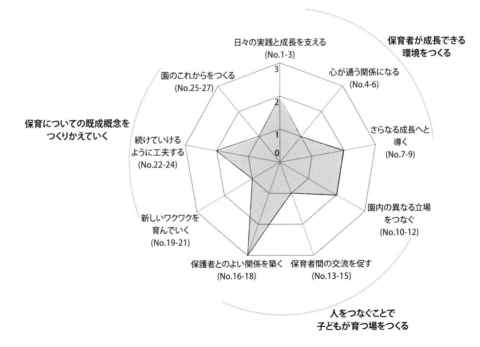

このようにすると、ミドルリーダー実践の経験チャートを描くことができます。たとえば、p.69のようなデコボコのある領域が描かれると思います。

　実践領域が外側まで広く伸びているところは、自分が多く実践している領域になります。逆に、へこんでいて狭いところは自分が実践していない（あるいはできていない）領域です。こうすると、「園づくりのことば」の観点で見た、現在の自分のミドルリーダーとしての実践の全体像を把握することができます。

　その上で、へこんでいる領域を広げるにはどうしたらよいかを考えていきます。それぞれの軸には3つの秘訣が紐づいています。つまり、そのうちのいずれか一つを実践するようになれば、1目盛り領域が広がるわけです。そう考えながら、それぞれの「ことば」のページを読み直し、日頃意識して実践してみるようにします。このように、経験チャートは、自分の現状を把握するだけでなく、次に取り入れてみるべきものが何なのかを考えるための手段となります。

　そして、実践を重ねていき、しばらくしたら再度描き直してみましょう。すると、自分の実践領域が広がっていることに気づくでしょう。このように、経験チャートは、自分自身ではつかみにくい自らの成長・変化を把握することができる手段でもあるのです。

　なお、この経験チャートは、人によって「実践あり」と判断する基準が異なるので、単純に領域の大小で他の人との能力比較に用いることはできないということに注意してください。くれぐれも、ミドルリーダーの必須項目として得点化して業務の評価に用いたりすることのないようにしてください。「園づくりのことば」や経験チャートによる振り返りは、評価のための指標ではなく、あくまでも自分の実践を高め、豊かにしていくためのものなのです。

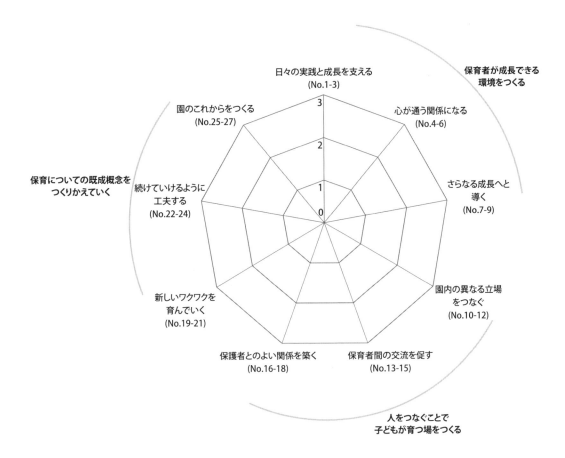

「園づくりのことば」を活かした対話・研修の方法

　本書で示されている一つひとつの「ことば」は、園づくりにおけるミドルリーダーの秘訣を表したものです。高度な実践知を、扱いやすい単位で切り出すこと、また方向性は示しつつも具体的過ぎない抽象度でまとめることで、各人の状況に応じてさまざまな実践を生み出すことができるようにつくられています。また、切り出した実践知一つひとつに「名前」（秘訣を表すことば）がつけられていることで、記憶しやすく、使いやすい状態で頭のなかにとどめておくことができるようになっています。このように「ことば」になった秘訣は、日常のふとしたときに想起して実践することができるようになるのです。

　これまでにも「園づくりのことば」に対して、主任や副園長など、ミドルリーダーの皆さんから、共感や期待の声が寄せられています。

　「日々の悩みや考えていることにマッチした。明日からすぐに活かしていきたい。」

　「秘訣の記述が細かく具体的でとてもわかりやすかった。たくさんあるので自分の状況に当てはめながら、すぐに現場で実践できると思った。」

　「とても役に立った。実際に現場で考えながら使っていきたい。」

　「主任になり職員をどう導いていけばよいのか、全体のバランス関係など道すじがわからずにいたので、具体的にその対策が記されていてとても助かった。」

　「『その状況において』、『そこで』、『その結果』、と分かれていて、とてもわかりやすかった。まだできていなかったものは、これから実践していきたいと思った。」

　「とても参考になった。話しあいのたたき台のようなものにもなり、自分たちで自園

に合ったことを見つけ出していくためのツールになると思う。」

「どう対応していけばよいのかパターン化されていることで、イメージもしやすくわかりやすいと感じた。主任だけでなくクラスリーダーや副主任の保育士にも役立つと思うので、園全体で共有し、園内研修などで用いて職員の資質向上につなげていきたい。」

　これまで本書を読んできた皆さんも、同じような気持ちを持っていただけたのではないでしょうか。日頃の仕事のなかでは一人で試行錯誤しながら仕事に取り組んでいるミドルリーダーも多いと思いますが、他の園にも目を向けると、同じように日々奮闘しているミドルリーダーがいることに気づきます。「園づくりのことば」は、そのようなミドルリーダーの皆さん同士での共通言語となり、対話のツールとして用いることができるのです。これが、「園づくりのことば」の「ランゲージ」（言語）としてのもうひとつの重要な側面です。

　「園づくりのことば」は、ミドルリーダーの皆さんをはじめとして、園の保育に関わる方々が語りあい、学びあうためのツールとして用いることができます。ここでは、その具体例として、①ミドルリーダー同士で経験談や工夫を語りあい学びあう、②よりよい園づくりのためのアイデアを出しあう、③他の立場の職員がミドルリーダーの仕事について理解する、という3つの活用方法を紹介したいと思います。どれも、日頃のおしゃべりの延長として行うこともできますし、研修のような場でのグループワークとして行うこともできます。この3つは小さなグループでの対話を想定したものですが、その後に、④大規模な研修などで対話のきっかけにする、という活用方法も紹介します。
　多くは、本書に加え、「園づくりのことば」が対話で使いやすいカード形式になっている「園づくりのことばカード」（別売り。詳しくは、http://creativeshift.co.jp/ をご覧ください）を用いた方法で説明していきます。カードの準備がない場合には、本書を見ながら行うとよいでしょう。

①ミドルリーダー同士で経験談や工夫を語りあい学びあう

　ミドルリーダーが集まり、お互いの経験談やその工夫について語りあうときに「園づくりのことば」を用いれば、自分たちの実践や経験について語りやすくなるとともに、深い学びが得られます。ここでは、「園づくりのことばカード」を用いる方法を2種類、前章で説明した「経験チャート」を用いる方法を1種類紹介します。以下では、標準的な使い方を示しますが、自分でアレンジしたり、組み合わせて実施したりすることもできます。

(A)「園づくりのことばカード」を用いた経験談の語りあい

　まずは、最も基本となる「経験談を語りあう」方法について紹介します。3〜6人程度でテーブルを囲んで座ります。カフェのような雰囲気の心地よいBGMを流して、お茶やコーヒーを飲みながら、リラックスして話すことができる場にします。「園づくりのことばカード」は、テーブルごとに1セット用意してください。

　まず誰か1人が「園づくりのことばカード」をトランプを切る要領でシャッフルします。

次に、1人あたり4、5枚を配り、残りのカードは裏面が上になるように、テーブルの真ん中あたりに置きます。参加者は配られたカードを手に持って、その内容をざっと黙読します。

そして、手持ちのカードのなかから自分に経験があるものを選んで、1人ずつ順にその内容をみんなに見せ、その概要を紹介してから、自分の経験談や実践例を語ります。語り終わったら、そのカードを自分の前に、みんなに見える向きで置きます。同じ要領で、手持ちのカードのなかから自分が経験したことがあるものを選んで語っていきます。手持ちのカードのなかに経験したことがあるものがなくなった場合には、テーブルの残りの山から1枚引いて、補充してください。

順に経験談を話すということを2周ほど回したら、あまり実践していないカードが手元に残っているはずです。そうしたら今度は、手元に残ったもののなかで、自分が取り入れてみたいカードを選んで、その場に出します。そして、グループ内でそれを実践したことがある人がいるかどうかを尋ねます。経験者がいればその経験談を話してもらいましょう。こうして、自分が実践していない、あるいは不得意なことについて、お互いの経験から学びあっていきます。

一般に、複数の園の保育者が集まる研修での対話においては、前提条件が異なっていたり話が具体的過ぎたりして、理解しきれないことも起こりやすいものですが、「園づくりのことば」を共通の視点にすることで、単なる事例の共有にとどまらず、互いの経験から学びあいやすくなります。実際に「園づくりのことば」を用いて対話した方々は、次のように語っています。

「他園の方との会話でも、共通することが多かったので、楽しかった。」

「園内で自分の役割やふるまいに日々悩んでいたが、どのようにしていけばよいか振り返る場や、知恵を交流する機会が少なかった。今日のように話しあうことで、他の方の知見を得たり、自分が不得意なこと、していなかったことをしてみようと思った。」

「今回のワークを通して、リーダーとして必要なことを少人数で話せたことにより、

他の人の考え方や実践していることを知ることができて勉強になった。」

　このように、「園づくりのことば」を用いれば、初めて会った他園の人とも深く語りあい、学びあうことができるのです。

(B)「園づくりのことばカード」を用いて好きなものについて話す
　次の使い方は、よりアイスブレイクに近いかたちで行うことができる方法です。3〜5人程度で行います。ここでも、カフェのような雰囲気の心地よいBGMを流して、お茶やコーヒーを飲みながら、リラックスして話すことができる場にします。今度は、1人1セットずつ「園づくりのことばカード」を持ちます。

　カードを順に見ていき、自分が好きだと思うカードを選んでいきます。自分の実践の有無に関わらず、好きだと思う（心が動く）カードをいくつか選びます。そして、それを自分の前に並べていきます。

　選んで並べ終わったら、それぞれが選んだカードをお互いに見ていきます。そうすると、共通して選ばれているものや、自分が選ばなかったものを選んでいる人がいることなどがわかります。その上で、各自が自分が好きだと思った理由、どういう点がよいと思ったのかについて順に語っていきます。そうすると、共感する思いを見出したり、自分が感じていなかったよさを知ったりすることができるでしょう。自分が選んだカードを使って話すことは自己紹介の代わりになるくらい、人となりや思いが感じられるので、アイスブレイクにもぴったりです。

　なお、もしカードセットが人数分揃えられない場合には、少しアレンジして、すべてのカードをテーブルに並べ、全員でその27枚のカードを見ながら、好きなものについて語りあうようにすることもできます。

　以前に実施した、主任や副園長の先生たち4人程度が集まって話す場では、皆さんいろいろな「ことば」を気に入るとともに、語りあいも多いに盛り上がり、学びも多かったとおっしゃっていました。たとえば、ある主任の方は、《新たな試み》が気に入り、次のように語っていました。

「この文章の結果の部分を見たとき勇気づけられたというか、この一文が自分にとってのモチベーションにもなるし、この立場の仕事の魅力ってこういうことだったんだと思ったんです。（中略）園長のビジョンと現場の意見というのを、もしかしたらつなげられる立場としては、ここがすごく大事だし、この立場の面白みというところでもあるかなと思って、なんかこの仕事をやっていてよかったなと。」

　また別のときは、異なる園の先生全員が同じカードを選んだということがありました。テーブルの上に皆が出したカードを互いに見あいながら、「あれ、このカード、みんなが選んでる！」、「ほんとだ〜！面白いね〜！」という声が上がりました。その後、そのカードのどこが好きなのか、なぜそう思うのかということを一人ひとりに話していただくことで、対話が深まっていきました。同じカードを選んでいても、人によってその理由は少しずつ違っているのが興味深いところです。それぞれの先生方が大切にしている考えや価値観に触れることができ、貴重な機会となったようです。また、日々関わっている現場の様子などを、ユーモアを交えていきいきと語っておられる姿も印象的でした。

　カードを選ぶときには、好きなものだけでなく、実践が難しそうなものや、今後取り入れてみたいものを選んだり、話しあうこともできます。私立保育園の主任・副園長の３名のワークショップでは、《園を超えた学び》が自園の場合は難しいという話になりました。

　「自分が以前公立にいたときは、いくつかの園で集まって研究したり、クラスで勉強したりというのをやっていたんですね。同じ土壌ならばできるのですけれども。でも、今の法人の方に来たら、ちょっと難しいんですよ。それぞれの園の方針があるので、公立間ではできていたことが、私立間ではなかなか実現するのが難しいということを目の当たりにしています。」

　「難しいですが、やると自分の園を俯瞰して見られるから、すごくよいと思います。実践を見あうとか、意見交換をするというのは、お互いすごく刺激になります。当たり前にやっていたことが、実は当たり前でないんだねとか。」

また、別の会では、《がんばりへのリスペクト》を今後取り入れたいという主任の先生が、次のようにおっしゃっていました。

> 「この『昔と今とでは、社会的背景も仕事観も異なるので、単純に過去の自分と比較したり、自分の時代の常識に当てはめたりするのではなく、現在における保育者の置かれている状況や気持ちを理解することを大切にします』、ここにすごい共感をしてしまって。課題でもあるし、やっぱり昭和と平成は違う。何かそれこそスクールウォーズ世代の根性論で乗り切ってきた時代と、いまは違いますよね。それで『ここはちょっとがんばって乗り越えようよ』だけじゃ乗り越えられないことは多々あって、もうそれで過去ベテラン保育者と若手保育者でかみあわずに、若手がつぶれていくということも何度かあったので。」

　このように、「園づくりのことば」を用いると、決して単なるおしゃべりや井戸端会議に終始するのではなく、いわゆる情報交換のみで終わってしまうのでもなく、大切な実践について学びあうことができるようになります。互いの語りに耳を傾け、自身も語りつつ、さまざまなことに気づくことができるのです。

(C) 各自の経験チャートを見ながら語りあう

　まず各自で、前章の要領で経験チャートを作成し、自分の実践の傾向を把握します。その上で、3、4人でグループになり、テーブルを囲みます。各自の経験チャートを見せあいながら、今後伸ばしていきたい方向性について、それがどういうもので、なぜこれから伸ばしていきたいと思うのかを語ります。

　他の人は、自分の経験やアドバイスがあれば、語ります。必要に応じて、適宜、本書や「園づくりのことばカード」で、その内容を確認しながら語りあうとよいでしょう。

　なお、繰り返しになりますが、この経験チャートは、人によって「実践あり」と判断する基準が異なるので、単純に領域の大小で他の人との能力比較に用いることはできない点に注意してください。

②よりよい園づくりのためのアイデアを出しあう

　次に紹介するのは、「園づくりのことば」を用いて、よりよい園づくりのためのアイデアをみんなで考えるというワークショップです。たとえば、《楽しむきっかけ》、《経験のミックス》、《会話が生まれるしかけ》を実現する具体的なアイデアや、《魅力的な実践見学》の方法や、《ワクワクの素材》の中身、《新たな試み》のアイデアなどを、みんなでワイワイと出しあいます。

　これは、園を超えてミドルリーダー同士で集まって行うのもよいですし、ミドルリーダーが園の他の職員とともに行うのもよいでしょう。ひとつの「ことば」に絞って話してもいいですし、複数取り上げて、思いつくものから出していくのでも構いません。

　まず、本書か「園づくりのことばカード」を用いて、みんなで話したい「ことば」の内容を理解します。そのあとは、ブレインストーミングの要領で、どんどんアイデアを出しあい、でてきたアイデアをひとつずつ付箋に書いていきます。それをみんなに見えるところに貼っていきます（カードを用いている場合は、どの「ことば」についてのアイデアなのかわかるように、そのカードの近くに貼るようにします）。他の人が出したアイデアへの批判はせず、「質より量」が大切という気持ちで、とにかくたくさん出すようにすると、拡散思考がうまく働くようになります。「でも」は禁句とか、「難しい」「誰がやるのか」「責任は誰がとるのか」と言わない、というようなルールをつくって楽しんで行うのもよいでしょう。

　たくさんのアイデアが出たら、そのなかからよいものをピックアップしたり、複数のアイデアを融合させたりしながら、実現したいもの・さらに具体的に考えてみたいものをみんなで選びます。そうしたら、あとは、みんなで実現に向けての一歩を進めるだけです。

　こうすることで、ミドルリーダーが園づくりを一人で抱え込むのではなく、他の職員と一緒に企画したり協働したりするきっかけにすることができます。アイデアを出した人やそれに共感した人は、実現に向けて一緒に取り組んだり、協力してくれることになるでしょう。

③他の立場の職員がミドルリーダーの仕事について理解する

　次に紹介する方法は、園内で、職員がミドルリーダーの仕事や役割を理解するとともに、園全体の組織力やチーム力を高めるためのものです。

　すでに見てきたように、ミドルリーダーは、園の職員や他の職員、保護者など、多様な人々のなかで、調整役になったり板挟みになったりしています。そのような状況が生まれやすいことや、そのなかで仕事をしているということを周囲が理解することで、そもそも問題が起きにくくなったり、解決・対応がしやすくなる可能性があります。

　「園づくりのことば」を知ると、ミドルリーダーの仕事や役割を認識できるようになるとともに、ミドルリーダーの仕事・役割について語るための共通言語にもなります。ミドルリーダーがこれから何をしようとしているのかを説明したり、園長からミドルリーダーへのアドバイス、保育者からのリクエストの際にも、この共通言語があることでコミュニケーションが図りやすくなるのです。

　まず園の他の職員たちとテーブルを囲み、「園づくりのことばカード」をテーブル上に並べます。すべてのカードを並べてもよいですし、半分くらいに減らしても構いません。それらを眺めながら、「これはどういうことですか？」という質問を受けたり、実際にあったエピソードを引きあいに出しながら、自分の行動や考えを話してみたりするとよいでしょう。

　こうすることで、これまで言われたことや、今ある仕組みが何のためのものだったのかをみんなで再認識することができるでしょう。

④大規模な研修などで対話のきっかけにする

　最後に、大人数の研修などでの活用方法について紹介します。研修の場合、テーブルを数人で囲むようなグループ形式で椅子が配置される場合と、全員が同じように前を向くスクール形式の場合があります。グループ形式の場合には、これまでに紹介してきたようなやり方で実施することができます。

　スクール形式の研修の場合には、対話の時間になったら、座席の両隣や前後の人と3～4人でグループをつくるようにします。椅子が固定されているような会場では、横に並んでい

る2、3人でグループをつくるようにするとよいでしょう。

　その時の研修テーマに応じて、講師があらかじめ選んでおいた「ことば」を3つ程度簡単に紹介します。時間がかなり限られている場合には、1つに絞っても構いません（しかし、時間が許すならば、自由度が上がり、参加者が語りやすくなるので、3つがおすすめです）。紹介する際は、スクリーンにその「ことば」の概要（たとえば、「園づくりのことばカード」の内容）を投影します。

　そして、紹介された「ことば」について、各自の経験や自園の状況などと関連づけながら話したり、これからどうやって実現できそうかのアイデアなどを自由に語りあいます。そのとき、講師は会場をまわりながら、参加者らがどのようなことを話しているかをそれとなく聞いておくとよいでしょう。対話の時間が終わったら、印象的な内容のグループや盛り上がっていたグループにマイクを渡して全体にシェアしてもらいます。

　これが基本的な流れになりますが、参加者にアイディアを付箋に書いてもらい、その付箋を壁の模造紙に貼って、休憩時間や帰りに、他のグループで出たアイディアも見ることができるようにするというようなアレンジを加えるのもよいでしょう。

　ある大規模研修では、実施後のアンケートで、次のような声が寄せられています。

　　「少人数でカードにもとづいた会話をしたが、十人十色で内容や切り口がとても面白かった。これまでの講演とは違い、新鮮な印象があった。」

　　「ワークショップを通して、今自分にできること、実践できることはもちろん、難しいと思うことも、どうすれば実践できるかを考えなければいけないと感じた。どういう保育園にしたいかを園の職員みんなで話す場や、チームが一体となる雰囲気をつくり、自分の園の強みを自信を持って打ち出せる職場づくりをし、保育の質を高めていきたい。」

　　「一つひとつの言葉の大切さが伝わり、今の自分の状況を考えたり見直したりするきっかけになった。また、年齢問わずその園の経験年数でのミドルリーダーを育てていく

ということにも感銘をうけた。多くの職員にいろいろな力が秘められているので、どんどんよい部分を表現させてあげたいと思った。」

「具体的でわかりやすかった。園長・副園長とこのカードをもとにより具体的に話しあったりできるとよいと思った。また、自分が今までやってきたことを振り返り、今後やっていきたいことに気づくことができた。」

「資質の向上を職員全体で行っていくことが改めて大切であると学んだので、"職員みんなで育てる"ということを意識して取り組んでいきたい。日頃の振り返りや今後のヒントになることがたくさんあったので、限られた時間であったが、話せてよかった。」

　以上、ミドルリーダー同士の対話によって自らの実践をよりよくすることや、園をよりよくするアイデアを生み出すこと、そして異なる立場の人との状況の共有・協力のための対話などへの活用方法、大人数の研修での活用方法を紹介してきました。これらの活用の仕方を参考にしながら、ぜひ皆さんの園や研修・交流会等で使ってみてください。また、この他にもいろいろな使い方ができると思いますので、どんな使い方ができそうかも考えてみていただけたらと思います。

　なお、『園づくりのことば』の活用事例やイベントを紹介しあうためのFacebookグループ「『園づくりのことば』を実践・対話・研修に活かそう！」（ https://www.facebook.com/groups/endukurinokotoba/ ）を作成しましたので、そこでも皆さんがどのように活用しているのかを知り、学ぶとともに、自分たちの事例もどんどんご紹介ください。ミドルリーダーを中心とした新しい交流の場となれば幸いです。

「園づくりのことば」の作成プロセス

　「園づくりのことば」は、東京大学大学院教育学研究科附属発達保育実践政策学センターのメンバーと慶應義塾大学井庭研究室のメンバーによって、井庭研究室が開発したパターン・ランゲージ作成方法論にもとづいて作成されました。この方法論にもとづく作成プロセスは、大きく分けて「マイニング」(掘り起こし)、「ライティング」(文章化)、「シンボライジング」(象徴化) という3つのフェーズで構成されています。

　その作成にあたってはいろいろなタイプの力が求められます。言うなれば、「科学者」の態度でリアリティに向かい、「1人の人」として共感し、「哲学者」として本質を探究し、「職人」として巧みな技術をもってつくり込み、「芸術家」として想像力と創造性を駆使しながら言葉を紡ぎ、全体を編み上げていきます。これらを一人で全部担うのではなく、複数人のチームでみんなで取り組みます。こうして、一人の視点・感覚しか入らないことによる偏りが生じるのを避けて、それぞれの得意を活かしながら、みんなで質の高いものにしていくのです。

　「園づくりのことば」がどのようにつくられたのかに興味があるという声をよくいただきますので、ここでは、作成プロセスの概要を紹介したいと思います。

1. マイニング（掘り起こし）

　マイニングは、実践している人から、その行動や考え方を掘り起こしていく、というフェーズです。「対話型マイニング・インタビュー」、「クラスタリング」、「シード・メイキング」という3つのステップがあります。

1.1 対話型マイニング・インタビュー

　まず、「対話型マイニング・インタビュー」という方法に則って、そのテーマにおいて経験が豊富な実践者から実践知を抽出するところから始まります。「園づくりのことば」では、都内および東京近郊の主任保育者・副園長の計25名の方にインタビューを行いました。1回あたりの人数は3～4名で、1時間半から2時間程度お話を聴きました。そこでは、「主

任のリーダーシップとして大事にしていること」や「主任として園全体を率いるコツ」についてお聞きし、実際にしている行動やその理由、どういう状況においてそれが重要になるのか、などを語ってもらいます。単に質問に答えていただくというのではなく、参加者同士が共感して自分の経験談を話したり、他の人が言ったことと比較しながら自分の考えを述べたりと、対話的にお話を伺っていくのです。語られたことのなかで重要だと思われる部分は、一つひとつインタビュアーが付箋に書いていきます。ミドルリーダーとして大事にしていることは黄色の付箋に、その理由や状況については青色の付箋に書いていきます。こうして、個々の「ことば」の素材となる情報を集めていくのです。どういう「状況」のときに、どういう理由で（どういう「問題」が生じないように）、何をすべきなのか（どう「解決」するのか）という情報です。最終的に得られた付箋は、黄色が約400枚、青色が約90枚になりました。

1.2 クラスタリング

　次のステップは、「クラスタリング」と呼んでいる段階です。対話型マイニング・インタビューで得られたかなり多くの断片的な情報を、川喜田二郎によって開発された「KJ法」を用いて、ボトムアップにまとめ上げていきます。

　語りを記録した付箋を貼った何枚もの模造紙をテーブルと壁に広げ、クラスタリングします。付箋に書かれた内容の本質的な意味をつかみ、近いと感じるもの同士を近づけていきます。このとき、「○○系」や「○○的」などと、すでに自分の頭のなかにあるカテゴリーを分類基準としてそこに分類していくということがないように十分に注意しながら、付箋に書

かれた本質同士が近いかどうかを1対1で検討していきます。このことは、付箋の内容（データ）が語っている声にきちんと耳を傾け、それを尊重し、そこから新しい捉え方をつくっていくためにとても大切なポイントです。クラスタリングは複数人で行い、その行動の本質は何かということを話しあい確認しながら付箋を動かしていきます。具体的な行動として表面上は似ていても、意図や目的が異なるということはよくあることです。何のためにそれを行っているのか、ということに着目し、目指すことが本質的に近い付箋同士を寄せて、それらの物理的な距離を近づけて置き直していくのです。

　何百もの付箋があると相当に時間がかかるのですが、辛抱強く続けていくと徐々に付箋のまとまりができてきます。一度まとまりができても、よくよく見てみると本当は近くないものが混じっていたりするので、集まったもの同士も意味が近いかどうかを何度も再考しながら、必要があれば移動させます。そして、最終的に付箋がよいまとまりに収まったと思われたら、そのまとまりを線で囲みます。この囲みの一つひとつが、このあと、「園づくりのことば」におけるそれぞれの「ことば」になっていくのです。

　クラスタリングで最終的に得られるものは、内容が似ている複数の付箋のまとまりです。つまり、各人が語った実践知の共通パターンが見出されたということになります（このように共通パターンを見出してそれを言語（ランゲージ）化することから、この方法は「パターン・ランゲージ」と呼ばれています）。また、このクラスタリングを行うことにより、最終的に得られるまとまり、つまり、「ことば」が表す秘訣の抽象度や粒度が揃います。対話型マイニング・インタビューで得られる情報は、抽象的なものから具体的なもの、また、大きなものから小さなものまでさまざまですので、そのままでは抽象度や粒度がばらばらの秘訣になってしまいます。ですが、クラスタリングを行うと、抽象度や粒度が揃ったものになるのです。

　さらに、クラスタリングを行うと、作成チームのなかで本質の探究と組織学習が進みます。個々の付箋の内容を文字面の表面的なものではなく「それが何を意味しているのか」ということを深く考え、話しあう機会を持つことになるのです。これにより、他のメンバーと理解をすり合わせ、共通の認識をつくることができ、これがその後の言語化作業の基盤となるのです。付箋の数が何百枚もあるため、クラスタリングには何日もかかり、計24時間かけて

行いました。

1.3 シード・メイキング

　マイニングの最後のステップは、「シード・メイキング」です。クラスタリングで線で囲んだまとまりごとに、そこに含まれる付箋の内容を踏まえて、「状況」「問題」「解決」を一文で書いていき、「ことば」の「種」(原型)をつくっていくのです。それが書けたら、記述された「種」の類似性や関連性を探しながら、一度全体像を仮組みする「構造化」を行います。実践によってよい質を生み出そうとするのであれば、ひとつの秘訣を実行するだけではなく、複数組み合わせて実践していく必要があります。そのため、「種」同士が互いにどのように関係し、それがどのように全体の質の生成に寄与するのかを考えて、体系的に編み上げていく必要があるのです。構造化の作業では、ある程度の段階までは部分的なまとまりに着目し、それがだいたいできたら、今度は全体からの視点で構造をつくっていきます。順に読むときの読みやすさや、発見的要素のつくり込みなどの視点も加えながら、個々の「種」の位置づけを仮決定するのです。

　構造化が重要なのは、いま把握しているすべての秘訣で実践全体をカバーできそうか、致命的な抜け漏れや偏りがないかを把握する必要があるからです。また、個々の秘訣の表現が担うべき内容は、全体のなかの位置づけによって、そのニュアンスが変わってくるため、全体のなかでの位置づけと担うべき役割を把握しておくことが大切になります。なお、ここで「仮決定」と言っているのは、ライティングを進めるなかで、その秘訣についての内容の探究・理解が進み、その関係性や全体性に変化が起きるため、ライティングの仕上げの段階で再び

「再構造化」を行う必要が出てくるためです。マイニングの段階で一度仮組みし、ライティングをしているときにも再び構造化を行い、最終的な構造を決めていくことになります。今回の構造化は8時間ほどかけて行いました。

2. ライティング（文章化）

ライティング（文章化）では、マイニングでつくった「種」を、文章で表現していきます。「詳細の書き下ろし」、「レビューと修正」、「再構造化」という3つのステップがあります。

2.1 詳細の書き下ろし

ライティングでは、それぞれの「種」について、より細かい形式で書き下していきます。本書に収録されているそれぞれの「ことば」の文章です。この段階で、「問題」や「解決」についてさらに考え議論して深めていきます。まず「問題」については、その問題を生じさせている諸要因（フォース）について考察していきます。ある状況において問題となる結果が生じてしまうのは、その問題を生じさせる不可避の背景原理があり、不調和な状態を引き起こすからだと考え、この問題がどうして生じるのかを見極めて記述するのです。そのような要因を特定することで、その「問題」についての理解が進みます。

また、「解決」で示す、よい結果を生み出す行為は、「不調和を起こす力を踏まえながら、うまく解決するやり方」とします。それによって「解決」を実践すると、不調和は起きなくなり、調和が生まれるのです。また、それはどのようにすればよいのかを「アクション」として記述していきます。「解決」が抽象的に書かれているのに対して、「アクション」では少

し具体的に、それをどのように実行できるのかがより具体的にイメージできるように具体例も書き添えます。「解決」は、いろいろなケースに対応できる一般的で普遍的な記述とし、「アクション」で行動の例を書くことで、イメージをしやすくします。

2.2 レビューと修正

　このように書かれた個々の秘訣の記述は、何度も何度もチーム内でレビューを行い、改稿を重ねて洗練させていきます。各担当が書いたものを複数人で確認し、改善点について建設的な話しあいをすることで、文章を磨き上げていくのです。レビューは、1つの「ことば」あたり30分から1時間かけて行います。ここで多様な視点が入ることで、思い込みを排除し、個々人の力量の限界を超えるようにしていきます。このレビューと修正は何度も行い、内容と表現の両方の質（クオリティ）が十分に上がるまで繰り返し行います。

　最終的には、マイニングで得られた内容にもとづきながら、読み手の共感を引き出し、心を動かすような表現になるように仕上げていきます。このときには、具体的なイメージを喚起しながらも、読み手のさまざまな状況に適用可能なように具体性を抜くという絶妙のバランスになるようにつくり込むのです。さらに、今回は、何度も修正した後の仕上げ前のバージョンのものをミドルリーダーの方々にお見せし、反応をみたり、コメントをいただきました。それらも反映して、仕上げを行いました。今回、初稿から本書の完成版までの間に、全パターン、それぞれ10回ほどレビューと書き直しを行いました。

2.3 再構造化

　次に、文章として書いた「ことば」を再構造化し、全体像をつくり直しながら、個々の「ことば」の記述を洗練させていきます。ライティングの際に、実践の秘訣について探究し、記述を書き直していくことは、その本質についての理解が深まるということを意味します。その結果、マイニング時の構造化によって得た位置づけよりも、よりよい位置づけが見えてくるので、再構造化が必要になるのです。今回も実際に、何度も位置づけ・順番の見直しが行われて、本書に収録されている位置づけに落ち着きました。3つの「ことば」ごとのグループや、全体を大別する3つのカテゴリーが、この段階で確定します。

3. シンボライジング（象徴化）

　ライティングの途中で、「ことば」の記述がおおかたできたら、「シンボライジング」の作業を始め、ライティングと並行して進めていきます。シンボライジングとは、個々の秘訣について、それを象徴的に言い表す名前をつけたり、それを象徴的に見せるイラストを描いたりすることです。「シンボライジング」（象徴化）では、「ネーミング」と「イラストレーティング」を行います。

3.1 ネーミング

　秘訣に「名前」をつけるときには、その内容を端的に表す言葉を組み合わせて魅力的な造語をつくります。《見通しのひとこと》、《あいだの通訳》、《ワクワクの素材》というように、何をするかがわかりやすい、なるべく名詞で終わる造語にします。というのは、動詞にすると、副詞と動詞、もしくは目的語と動詞ということになり、新しいボキャブラリーをつくるというよりは、ふつうの文の一部（フレーズ）として埋もれてしまい、特定の意味を示しにくくなるからです。また、過去形になると語尾が変化してしまうということもあります。そのため、なるべく名詞終わりの造語にするのです（しかし、どうしても動詞終わりの方がよく、ことばとして力を持つと判断したときには、あえて動詞終わりにすることもあります）。

　そして、一度読んだら覚えやすく、実際に口に出して言いやすく、音として聴いても意味がとれるようにします。また、本書では27個の「ことば」が新しく定義されるので、一つ

ひとつの「ことば」が別の内容を指していると間違えることがないように、かつ、互いに似過ぎているものがないように調整して、全部の名前を確定していきます。このように一見平易なことば遣いの個々の「ことば」ですが、実はこのようないくつもの条件を満たすようにつくり込まれています。ここでつくった秘訣の名前が、ある概念を意味する新しいことば（ボキャブラリー）であることが、とても大切なことなのです。これらの「ことば」を会話や思考などにおいて、実際に日常のなかで使われるようにするためです。このように新しいことばをつくる、ということを強調したのが、本書のタイトルである『園づくりのことば』の「ことば」の部分なのです。

3.2 イラストレーティング

　もうひとつ象徴的な表現として大切な要素に、イラストがあります。このイラストは、雰囲気をただ伝える「挿絵」ではなく、「名前」同様にしっかりとつくり込まれています。イラストでは、個々の秘訣における状況とその解決の行動の一コマが表現され、そこに微笑ましいよい結果が生まれつつある予感を感じさせるように描いています。どれも線だけのシンプルなものですが、これらのイラストを見るだけで、秘訣の内容がイメージでき、またときに自分の経験や状況が重なって見えるのではないでしょうか。登場人物のキャラクターもあえて明確には描き分けておらず、そこにいるどの人も自分になり得るように描いています。だからこそ、多くの人が自分を重ねて見ることができるのです。

　また、秘訣の内容だけでなく、そこにつけられた「名前」との関係も重要です。名前には、何らかのメタファーや動作をイメージさせる言葉が含まれています。そのような言葉とズレがないような絵にする必要があります。さらに、これらのイラストも、「ことば」の場合と同様に、他の秘訣のものと混同されないように細心の注意を払って差異化して描き分けます。このように、少しほっこり安心するようなテイストのシンプルなイラストも、いくつもの条件を満たすようにつくり込まれているのです。なお、このような諸条件への理解が必要なため、イラストもすべて自分たちで（今回は井庭研究室の学生たちと）描いています。

　以上のように、『園づくりのことば』に収録された27個の「ことば」は、その最終形のシンプルさからは想像されにくいのですが、現場の実践・経験で得られた実践知・経験則を、専門の方法論にもとづく念入りな編集を経てまとめ上げ、心に残り行動を促す象徴的な表現に仕上げるというプロセスでつくられています。ぜひこれらの27個の「園づくりのことば」を、皆さんの日々の実践や対話に活かしていただければ幸いです。

参考 ──パターン・ランゲージとは

　『園づくりのことば』は、ミドルリーダーの園づくりの実践の秘訣をまとめた「パターン・ランゲージ」（pattern language）です。パターン・ランゲージは、よい実践の秘訣を共有するための方法です。成功している事例やその道の熟練者に繰り返し見られる共通「パターン」を抽出し、抽象化を経て言語（ランゲージ）化しています。そういった成功の秘訣ともいうべきものは、「経験則」「実践知」「センス」「コツ」などといわれますが、なかなか他の人には共有しにくいものです。パターン・ランゲージは、それを言葉として表現することによって、実践している人が、どのような視点でどのようなことを考えて、何をしているのかを他の人と共有可能にします。

　「パターン」は、どれも決まった形式で書かれています。ある「状況」（context）において生じる「問題」（problem）と、その「解決」（solution）の方法、そしてその「結果」（consequence）がセットになって記述され、それに「名前」（パターン名）がつけられています。このように一定の記述形式で記し、それに内容を象徴的に表現する「名前」（パターン名）がつけられることで、その名前で内容全体を示すことができるようになります。そして、それが言葉になることで、共通認識を支え、共通言語として機能するようになるのです。

　「パターン」と聞くと、型にはまったマニュアルのようなものをイメージされる方もいらっしゃるかもしれません。しかし、パターン・ランゲージは、マニュアルではありません。実践者が自分の置かれた文脈や状況に応じて、自分なりの新たな方法を創造するのを支援するものであり、そのようにつくられているものなのです。

　実践の秘訣をパターン・ランゲージにまとめることのメリットはさまざまありますが、大きく言うと、「経験の交換・蓄積」ができるようになること、「認識のメガネ」として用いることができること、「経験の連続性」を持てることが挙げられます。以下、ひとつずつ見ていくことにしましょう。

1. 経験の交換・蓄積

　コミュニケーションのなかで、パターン・ランゲージを言葉として使うと、実践の秘訣を共有しやすくなります。他人の成功体験を具体的に聴いても、その本質をつかむことは容易ではありません。それは、話す側も自分の成功の本質を捉えて、それがスムーズに伝わるように話を構成するのが難しいということの裏返しでもあります。

　ですが、パターン・ランゲージの語彙（ボキャブラリー）を用いて語ることで、共有すべき成功の本質を両者がともに理解しながら話し・聴くことができるようになります。個人の経験が成功の本質に沿ったかたちで効果的に引き出され、他の人に伝わるのです。聴いた人も、本質と、話者の状況ならではの具体的な内容を分けて理解することができるため、本質を自分の状況に当てはめて取り入れることができるようになります。

2. 認識のメガネ

　パターン・ランゲージが言葉（概念）を提供してくれるので、その言葉がなければ見えなかった現象を認識できるようになります。「机」という言葉（概念）がなければ、目の前の物体を「机」として認識することはできません。また、自分はどんな「机」がほしいのか、「机」をどう改善したいのか…なども、「机」という言葉（概念）がければ、考えることはできません。

　同様に、実践の秘訣にも名前がなければ、その実践を目の当たりにしても、それを取り出して認識することができません。パターン・ランゲージは、実践の秘訣に名前を付けることで、人々がそれらを認識することをサポートします。

　そのようなことから、パターン・ランゲージは、「認識のメガネ」であると言われます。言語を通じて秘訣を認識していることで、上手な人がなぜ上手なのかを読み解き、理解することができるようになるのです。

3. 経験の連続性

　パターン・ランゲージは、自分の経験を活かしつつ、他の人の成功の経験則を取り入れることで、その人らしさを肯定しながら成長することを促します。成長するには、よいやり方を学んでいく必要がありますが、自分の状況や環境、個性などに合わせながら、他者の経験

から取り入れるのはなかなか難しいことです。パターン・ランゲージは、よい活動の「質」（quality、よさ）を構成する要素を細かく分けて、手軽に扱える大きさにしています。また、具体的にどう行動するかを自分に合わせて考える余地を残し、抽象的に記述することで、個々人が過去の成功パターンを取り入れやすくなるようにつくられています。

　自分のやり方をやめて他の人のやり方をまねするのではなく、いまの自分をベースとして、そこにさらに秘訣を取り入れていくことで、自分のよさ・らしさを保ちながら、変化・成長していくことができます。このように、パターン・ランゲージでは、自分の過去の経験の上に、成功した他者からの学びを乗せていくことで「経験の連続性」を実現することができるのです。

　このような利点を持つパターン・ランゲージは、もともとは、1970年代に建築家クリストファー・アレグザンダーが住民参加のまちづくりのために提唱した知識記述の方法でした。アレグザンダーは、町や建物に繰り返し現れる関係性を「パターン」と呼び、それを「ランゲージ」（言語）として共有する方法を考案しました。彼が目指したのは、誰もがデザインのプロセスに参加できる方法でした。町や建物をつくるのは建築家ですが、実際に住み、アレンジしながら育てていくのは住民だからです。

　建築分野で発展したパターン・ランゲージは、1990年代にはソフトウェアの分野に取り入れられるようになり、多くのパターン・ランゲージがつくられるようになりました。その後、2000年代に入り、人間の行為の秘訣を記述することに応用されるようになってきています。このような人間行為のパターン・ランゲージは、第3世代のパターン・ランゲージと言えます。

　慶應義塾大学 井庭崇研究室では、パターン・ランゲージの方法を創造的な人間行為の支援に応用し、国内外で先導的な立場で研究・実践を進めています。これまでに制作した主なものとしては、「ラーニング・パターン」、「プレゼンテーション・パターン」、「コラボレーション・パターン」、認知症とともにによりよく生きるための「旅のことば」、企画・プロデュース・新規事業を行うための「プロジェクト・デザイン・パターン」、主体的・対話的で深い学びを育むための「アクティブ・ラーニング・パターン《教師編》」、これからの時代の進路選択のための「未来の自分をつくる場所：進路を考えるためのパターン・ランゲージ」（ミラパタ）、

読書のコツや楽しみ方を言語化した「Life with Reading」、問題解消のための対話の心得である「対話のことば」、探究学習のための「探究PLカード」、価値創造マーケティングのパターン・ランゲージなどがあります。これまでに、70以上のさまざまな分野の実践について、1700パターン以上をつくってきました。本書『園づくりのことば』は、そのような第3世代のパターン・ランゲージの新しい成果なのです。

　パターン・ランゲージは、実践的な方法について書かれていることから、「マニュアルとどう違うのか？」という質問をよく受けます。結論から言うと、かなり違うものです。パターン・ランゲージは、いうならば、理念とマニュアル（行動指示、操作手順）の「中空」を結ぶ「言葉たち」です。理念に結びつきながら、具体的な行動の手順は示しません。指示された手順通りに実行すれば必ず成功するというのがマニュアルの目的とするならば、パターン・ランゲージはそうではなく、活動の「指針」を少し抽象的に示しています。それにより、どのように行動することで理念に則ったよい「質」を体現していけるのかを自分で考えることができるようになっています。

　現在、実践領域の多くでは、理念とマニュアルの間をつなぐものがありません。このつながりは、その文化に長くいる者には見え、体現できるものの、経験の浅い人には大変難しく、理念に則った日々の行動を行うことはなかなかできません。そのため、パターン・ランゲージは、抽象的すぎず具体的すぎない「中空の言葉」として、期待されているのです。

　本書をきっかけに、「パターン・ランゲージ」という方法に興味を持ったら、ぜひ次の本で、その考え方や活かし方などについて理解を深めていただければと思います。

- 井庭 崇 編著, 中埜 博, 江渡 浩一郎, 中西 泰人, 竹中 平蔵, 羽生田 栄一,『パターン・ランゲージ―創造的な未来をつくるための言語』, 慶應義塾大学出版会, 2013.
- 井庭 崇 編著, 鈴木 寛, 岩瀬 直樹, 今井 むつみ, 市川 力,『クリエイティブ・ラーニング―創造社会の学びと教育』, 慶應義塾大学出版会, 2019.

また、以下のサイトでは、パターン・ランゲージについての情報を提供しています。こちらも併せてご覧ください。

パターン・ランゲージの情報サイト CreativeShift：http://creativeshift.co.jp
井庭崇ホームページ：http://web.sfc.keio.ac.jp/~iba/

　本書と同じ丸善出版から出版されている書籍『旅のことば－認知症とともによりよく生きるためのヒント』は、「認知症であっても、前向きにいきいきと暮らしていく」ためのちょっとした工夫や考え方を40個のパターンにまとめたもので、世界で初めての福祉分野のパターン・ランゲージです。この本は、認知症のご本人の方や家族の方に「やさしいことばで希望をもたらしてくれる」と好評を得ているほか、そのカード版は全国のあちこちの地域・施設・イベントで対話や発想を促すツールとして用いられています。

　たとえば、全国のデイサービスや高齢者住宅、オレンジカフェなどで、暮らしをよりよくするために、認知症のご本人や家族の対話のために用いられたり、もの忘れ外来の病院では、待合室に医師や看護師さんが選んだカードを掲示して、患者さんに前向きな暮らしの工夫をお知らせするために使われたりしています。また、自治体の発行物に引用されたり、厚生労働省の施策である認知症サポーター養成講座や看護系の教育でも使われるなど、さまざまな活用が行われています。このような活用の取り組みについては、Facebook グループ「『旅のことば』をみんなで使おう！」（https://www.facebook.com/groups/tabinokotoba/ ）でご覧いただけるので、「『園づくりのことば』を実践・対話・研修に活かそう！」（https://www.facebook.com/groups/endukurinokotoba/ ）と併せて、ご活用の参考にしていただければと思います。

　また、『対話のことば－オープンダイアローグに学ぶ問題解消のための対話の心得』（丸善出版）は、対話の心得についてのパターン・ランゲージです。保育においても対話はとても大切なものだと思いますので、書籍や Facebook グループ「『対話のことば』活用・実践コミュニティ」（https://www.facebook.com/groups/taiwanokotoba/ ）もぜひご覧ください。

あとがき

　出会いと応答の連鎖としての対話の環によって、本書は生まれました。初めて井庭先生と出会ったときに、「アクティブ・ラーニング・パターン《教師編》」を用いた対話に取り組む学校の先生方の姿を見て、保育でもパターン・ランゲージをぜひともつくりたいと思いました。その願いに井庭先生と井庭研究室の皆さん、そして発達保育実践政策学センター（cedep）の野澤、天野、宮田の3人が忙しいなかでも真摯に応えてくださいました。

　最初につくる保育のパターン・ランゲージはミドルリーダー向けのものを、ということも、キャリアアップ研修の立ち上げに関わった者としての確信でした。「園づくりのことば」の作成にあたり、インタビューや研修に協力してくださったお一人お一人が、このような園を超えた対話の参加者であり、また、このパターンの著者であるとも言えます。

　このような対話の積み重ねを通して、私たちは3つの挑戦をしています。第一に、保育者の専門性や実践知に関する新たな研究方法の提示です。特定の人の語りの聴き取り記述や行動観察とは異なる様式への挑戦です。第二に、研究し論文や本を書いて終わりではなく、その知恵を共有し研修で実際に使える素材をつくるサイクルを生むことへの挑戦です。また、ただ事例を紹介しあい語りあう研修とは質の異なる、構造化ができ、保育者が深く学ぶための支援にもなる研修素材の作成の試みです。そして第三に、個人の資質やスキルではなく、職員間の関係性の価値やよさの発見や生成につながる関係形成のための語りへの挑戦です。

　言葉には、希望と未来への変革をつくりだす力があります。ぜひ『園づくりのことば』を研修で使ってみてください。最初から全部などと欲張らず、いろいろな使い方をしてみてください。本書が、いきいきと皆で育ちあう場づくりの一助になることを心から願っています。私たちの対話の環と挑戦の旅は、ここから、そしてこれからもさらに続きます。本書を手に取ってくださった皆さまに、心からのありがとうを贈ります。

2019年6月

秋田 喜代美

謝　　辞

　本書は平成 28 年度から 30 年度にかけて行われた東京大学大学院教育学研究科附属発達保育実践政策学センターと慶應義塾大学井庭研究室の共同研究の成果をまとめたものです。本書に収録した「園づくりのことば」をつくるにあたり、ミドルリーダーの実践・経験についてインタビューをさせていただいた皆さま、青木美紀子先生（社会福祉法人 清遊の家 うらら保育園）、安達さとこ先生（社会福祉法人 ムクドリ福祉会 むくどり風の丘こども園）、安藤さやか先生（学校法人 當麻学園 麻の実幼稚園）、勇京子先生（厚生福祉会 青戸福祉保育園）、市川智恵美先生（宗教法人 欣浄寺附属 光明幼稚園）、内山絵美先生（品川区立 二葉幼稚園）、工藤真規子先生（文京区立 湯島幼稚園）、黒崎知子先生（学校法人 武蔵野東学園 武蔵野東第一・第二幼稚園）、坂井憲一郎先生（品川区立 城南幼稚園）、佐々木要子先生（2017 年度 世田谷区立 塚戸幼稚園）、下郷奈穂子先生（大和郷幼稚園）、鈴木潤子先生（誠美保育園）、鈴木牧子先生（学校法人 敷島学園 狭山ヶ丘幼稚園）、高橋桂先生（2018 年度 社会福祉法人 ひなどり保育園 与野ひなどり保育園）、田澤佳世子先生（学校法人 田澤学園 東一の江幼稚園）、田中藍子先生（学校法人 八幡学園 やはたみずのとう幼稚園）、西郡千晴先生（文京区立 明化幼稚園）、野々下春子先生（学校法人 八王子中村学園 なかの幼稚園）、早川由美子先生（文京区立 しおみ保育園）、原美砂先生（文京区立 目白台保育園）、広瀬悦子先生（2018 年度 文京区立 しおみ保育園）、水嶋和代先生（社会福祉法人 造恵会 府中めぐみ保育園）、三矢さつき先生（真理学園幼稚園）、柳田芳恵先生（学校法人 名倉学園 愛心幼稚園）、和島千佳子先生（文京区立 本駒込幼稚園）、どうもありがとうございました。また、作成に協力いただいた慶應義塾大学井庭崇研究室の木村紀彦さん、森遥香さん、金子智紀さん、吉川文夏さん、鈴木崚平さん、村上航さん、李南赫さん、坂間菜未乃さん、富田将斗さん、松宮愛里さん、特にイラスト作成メンバーの野崎琴未さん、宗像このみさん、新田莉生さん、佐野ちあきさん、そして、東京大学大学院教育学研究科博士課程の若林陽子さん、株式会社クリエイティブシフトの正井美穂さん、阿部有里さん、さらに本書の編集を担当していただいた丸善出版の萩田小百合さんに感謝いたします。

著者紹介

井庭 崇（いば たかし）
慶應義塾大学総合政策学部 教授。博士（政策・メディア）。専門は、創造実践学、パターン・ランゲージ、システム理論。株式会社クリエイティブシフト代表、および、パターン・ランゲージの国際学術機関 The Hillside Group 理事。著書・編著書に『クリエイティブ・ラーニング―創造社会の学びと教育』（慶應義塾大学出版会、2019 年、編著）、『おもてなしデザイン・パターン』（翔泳社、2019 年、共著）、『対話のことば―オープンダイアローグに学ぶ問題解消のための対話の心得』（丸善出版、2018 年、共著）、『プロジェクト・デザイン・パターン』（翔泳社、2016 年、共著）、『旅のことば―認知症とともによりよく生きるためのヒント』（丸善出版、2015 年、共編著）、『プレゼンテーション・パターン』（慶應義塾大学出版会、2013 年、共著）、『パターン・ランゲージ』（慶應義塾大学出版会、2013 年、編著）、『社会システム理論』（慶應義塾大学出版会、2011 年、編著）ほか。

秋田 喜代美（あきた きよみ）
東京大学大学院教育学研究科長・教育学部長、教授。博士（教育学）。専門は、保育学、教育心理学、学校教育学。発達保育実践政策学センター 前センター長。世界授業研究学会（WALS）Vice President、内閣府子ども・子育て会議委員、厚生労働省社会保障審議会児童部会長、文部科学省中央教育審議会教育課程部会および教員養成部会委員。長年園内研修に関わり、保育の質向上や保育者の専門性・実践に関する研究を行っている。近著に『新保育の心もち』（ひかりのくに、2019 年）、『リーダーは保育をどうつくってきたか―事例で見るリーダーシップ研究』（フレーベル館、2018 年）、『保育士等キャリアアップ研修テキスト全7 巻』（中央法規、2018 年、共監修）、『育み支え合う保育リーダーシップ―協働的な学びを生み出すために』（明石書店、2017 年、監訳・解説）ほか多数。

野澤 祥子(のざわ さちこ)
東京大学大学院教育学研究科附属発達保育実践政策学センター 准教授。2013 年東京大学大学院教育学研究科博士課程修了。博士(教育学)。専門は発達心理学・保育学。東京家政学院大学准教授を経て 2016 年より現職。厚生労働省保育所等における「保育の質の確保・向上に関する検討会」委員。著書に『生涯発達心理学』(ナカニシヤ出版、2019 年、分担執筆)、『三世代の親子関係』(風間書房、2018 年、分担執筆)、『公認心理師の基礎と実践 4 心理学研究法』(遠見書房、2018 年、分担執筆)、『歩行開始期の仲間関係における自己主張の発達過程に関する研究』(風間書房、2017 年)、『家庭支援論』(ミネルヴァ書房、2016 年、分担執筆)、『親子関係の生涯発達心理学』(風間書房、2011 年、分担執筆)ほか。

天野 美和子(あまの みわこ)
東京大学大学院教育学研究科附属発達保育実践政策学センター 特任助教。博士(子ども学)。専門は、保育学、幼児教育学。保育者養成大学で保育内容の人間関係などの授業を担当。元私立幼稚園教諭。日本保育学会広報委員。Nobody's Perfect Japan 認定ファシリテーターとして、乳幼児の親支援を目的とした対話のワークショップのほか、子どものためのワークショップを開催。2017 〜 2018 年は慶應義塾大学 SFC 研究所員として井庭研究室でパターン・ランゲージについて学んだ。論文「保育におけるミドルリーダーの役割に関する研究と展望」(東京大学大学院教育学研究科紀要、2019、共著)、「保育者の実践知を可視化・共有化する方法としての『パターン・ランゲージ』の可能性」(同紀要、2018、共著)。

宮田 まり子(みやた まりこ)
白梅学園大学子ども学部 講師。東京大学大学院教育学研究科附属発達保育実践政策学センター協力研究者。2017 年東京大学大学院教育学研究科博士課程修了。博士(教育学)。専門は保育学。幼稚園や保育所に通い、園内外の保育環境や保育者の専門性に関する研究を行っている。著書に『園における 3 歳児積み木場面の検討』(風間書房、2019 年)、『育てたい子どもの姿とこれからの保育−平成 30 年度施行 幼稚園・保育所・認定こども園 新要領・指針対応』(ぎょうせい、2018 年、分担執筆)、『保育現場と養成校のコラボレーション!実習生指導サポートブック』(北大路書房、2013 年、分担執筆)。

園づくりのことば
保育をつなぐミドルリーダーの秘訣

保育者が成長できる環境をつくる

1. 自分の発見から
2. 見通しのひとこと
3. やる気がでる手助け
4. 日頃のおしゃべり
5. ひと呼吸おく
6. がんばりへのリスペクト
7. 楽しむきっかけ
8. 学びへの変換
9. 原則に立ち戻る

人をつなぐことで子どもが育つ場をつくる

10. あいだの通訳
11. 声のすくい上げ
12. みんなで育てる
13. 経験のミックス
14. 会話が生まれるしかけ
15. 根底の思い
16. 意義の共有
17. 信頼の橋渡し
18. ともに育てるパートナー

保育についての既成概念をつくりかえていく

19. ワクワクの素材
20. 魅力的な実践見学
21. 新たな試み
22. より大きな意味での保育
23. 子どもたちとの時間
24. 充電タイム
25. 園を超えた交流
26. 強みの芽
27. 未来のリーダー

Facebook グループ「『園づくりのことば』を実践・対話・研修に活かそう！」
https://www.facebook.com/groups/endukurinokotoba/

「園づくりのことばカード」
制作・販売：クリエイティブシフト
http://creativeshift.co.jp/

園づくりのことば　保育をつなぐミドルリーダーの秘訣

令和元年7月30日　発行

編著者　井庭　崇
　　　　秋田　喜代美

著　者　野澤　祥子
　　　　天野　美和子
　　　　宮田　まり子

発行者　池田　和博

発行所　丸善出版株式会社
〒101-0051 東京都千代田区神田神保町二丁目17番
編集：電話（03）3512-3266／FAX（03）3512-3272
営業：電話（03）3512-3256／FAX（03）3512-3270
https://www.maruzen-publishing.co.jp

© Takashi Iba, Kiyomi Akita, Sachiko Nozawa, Miwako Amano, Mariko Miyata, 2019

組版印刷・富士美術印刷株式会社／製本・株式会社 松岳社

ISBN 978-4-621-30410-5　C 3037　　　　Printed in Japan

JCOPY 〈（一社）出版者著作権管理機構　委託出版物〉

本書の無断複写は著作権法上での例外を除き禁じられています。複写される場合は，そのつど事前に，（一社）出版者著作権管理機構（電話03-5244-5088, FAX 03-5244-5089, e-mail：info@jcopy.or.jp）の許諾を得てください。